狂智

邱陽・創巴仁波切——著

Chögyam Trungpa

Crazy Wisdom

江涵芝——譯

蔡雅琴——序、審校

目次

狂智講座二 117

法海系列

在一次關鍵性的會面中，尊貴的邱陽創巴仁波切向香巴拉出版社的總裁——山謬．博秋茲（Samuel Bercholz）表達了出版「法海系列」（Dharma Ocean Series）一〇八冊書籍的意願。「法海」是邱陽創巴仁波切藏文法名「確吉．嘉措」（Chökyi Gyatso）的字義。法海系列主要集結、騰打、彙編了邱陽創巴仁波切在北美洲十七年的授課內容與研討課程。出版這個系列的目的，是希望摒除傳統上過於講究次第系統或大部頭經書的形式，透過深入淺出、提綱契領的方式，讓讀者單純直接地接觸這些殊勝豐富的法教。當一〇八冊圓滿出版時，法海系列將會成爲這位遠近馳名的藏傳佛教大師——邱陽創巴仁波切——主要作品的文獻資料庫。

邱陽創巴仁波切著作

- 《我從西藏來》*Born in Tibet*
- 《邱陽創巴仁波切選集一至八》*The Collected Works of Chögyam Trungpa, Volumes One through Eight*
- 《狂智》*Crazy Wisdom*
- 《突破修道上的唯物》*Cutting Through Spiritual Materialism*
- 《密續拂曉》*The Dawn of Tantra*
- 《邱陽創巴心要》*The Essential Chögyam Trungpa*
- 《初念最善念：詩歌一百零八首》*First Thought Best Thought: 108 Poems*
- 《阿毗達摩對法概要》*Glimpses of Abhidharma*
- 《東方大日：香巴拉的智慧》*Great Eastern Sun: The Wisdom of Shambhala*
- 《佛心》*The Heart of the Buddha*

- 《幻象遊戲：那洛巴生平與教法》*Illusion's Game: The Life and Teachings of Naropa*
- 《沒有目的地的旅程：佛陀的密續智慧》*Journey without Goal: The Tantric Wisdom of the Buddha*
- 《馬爾巴大譯師生平故事》*The Life of Marpa the Translator*
- 《獅子吼：密續入門》*The Lion's Roar: An Introduction to Tantra*
- 《動中修行》*Meditation in Action*
- 《手印》*Mudra*
- 《自由的迷思與禪修的方式》*The Myth of Freedom and the Way of Meditation*
- 《法海：邱陽創巴的日常生活智慧》*Ocean of Dharma: The Everyday Wisdom of Chögyam Trungpa*
- 《井井有條的混亂：曼達拉法則》*Orderly Chaos: The Mandala Principle*
- 《道即是果：佛法禪修基本手冊》*The Path is the Goal: A Basic Handbook of Buddhist Meditation*
- 《智慧之雨：了義海心要》*The Rain of Wisdom: The Essence of the Ocean of True Meaning*
- 《我們與生俱來的明智：佛教心理學》*The Sanity We Are Born With: A Buddhist Approach to Psychology*

- 《香巴拉：覺悟勇士——香巴拉的智慧傳承》*Shambhala: The Sacred Path of the Warrior*
- 《香巴拉：覺悟勇士——香巴拉的智慧傳承》書與套卡
  Shambhala: The Sacred Path of the Warrior, Book and Card Set
- 《西藏度亡經：中陰聞教大解脫》
  The Tibetan Book of the Dead: The Great Liberation through Hearing in the Bardo
- 《及時雨：邱陽創巴仁波切精選詩集》*Timely Rain: Selected Poetry of Chögyam Trungpa*
- 《當野馬遇見馴師——修心與慈觀》*Training the Mind and Cultivating Loving-Kindness*
- 《超越瘋狂：體驗六中陰》*Transcending Madness: The Experience of the Six Bardos*

【序言】

無盡悲智，宏願廣行

簡介狂智行者邱陽創巴仁波切

前言：大地的舞台

這是美國北佛州春天的原野，輕柔翠綠的山巒緩緩起伏。天寬地闊，雲淡風輕，空氣中盈溢著潮濕的松香味。我靜靜繞行噶瑪丘林（Karme Chöling）坡頂上創巴仁波切的荼毘塔（Purkhang），弟子們年年為塔刷上新漆，草地上已由繞塔者的足印踩踏出一圈明顯的路徑。遠方正有一家子的麋鹿，輕巧自在地走入閉關者的關房林區；小鹿歡喜跳躍，母鹿緊緊守護。一切洋溢著溫柔的愛意，一切都是愛！

三十年前的春天，也是在這片青蔥的草原上，尊貴的頂果欽哲法王偕同噶舉法王子們遠道而來，與在場的數千位香巴拉弟子，為創巴仁波切舉行了隆重的荼毗大典。當煙霧繚繞直上青空，神奇絢爛的彩虹光環顯現於雲端……那不是因爲我們眼眶的淚水所造成的視覺幻象吧！弟子們揉揉眼睛，不能置信地再睜眼細看：在西藏角號與西方禮砲聲中，是的，那是道道眞實的彩虹！天地間無垠無界限的本初善性與大能，正在互相輝映、同聲嘆惋這位大成就者的離世！

從一九七〇年邱陽創巴仁波切踏上北美這片廣闊的大地，至今已經將近半個世紀了。七〇年代的美國社會是狂野而飢渴的，嬉皮風與靈修超市交織，人心自由而脫序，那是一個混亂卻充滿可能性的年代。創巴仁波切年方三十，在此之前，他剛剛經歷了生命內裡與外在的劇烈轉化與變動——非但他自一場極爲嚴重、導致他日後半身殘障的車禍中倖存，他還毅然決然地捨棄了畢生所穿的僧袍，還俗結婚，遠赴異地。彼時大環境中充滿著孕育與重生的能量，崩解死亡與新鮮未知相融混合；精神與物質的探索，都達到了最極限的境地。

是在這樣歷史性的轉捩點上，創巴仁波切開始教導他這群看似粗野無文、卻極爲眞摯好奇的西方弟子禪修與佛法。他因應弟子們的根性，起先稱兄道弟，而後再慢慢地束緊紀律、研修與師承的轡繩。一九七二年底，他首度向弟子引介了西藏佛教大師、蓮花生大士的生平故事。以鮮明的色彩與象徵意象，仁波切生動地描繪出蓮師謎樣的「狂智」風貌。

但是，爲什麼要在此時此刻向青春無羈的美國學子介紹「狂智」呢？蓮花生大士看來就像是極其遙遠的、山頂雲端上的異國神話人物，與迷亂刺激的當代有什麼關聯呢？「狂智」又是什麼？難道整個世代還不夠「瘋狂」嗎？

要探索這些問題，我們可以從創巴仁波切的文化背景，與所謂「狂智」的定義，來一窺其詳。邱陽創巴仁波切出生在藏東，約莫一歲時，他被認證爲第十一世的創巴轉世祖古。他是蘇芒寺系（Surmang）的總住持，西藏佛教噶舉和寧瑪兩派傳承的持有者。在他的養成經驗裡，他曾親近從學於「利美」傳統——不分派運動之著名上師蔣貢康楚羅卓泰耶的轉世——雪謙的蔣貢康楚（Jamgon Kongtrul of Sechen），以及有狂智者稱譽的上師堪布剛夏（Khenpo Gangshar）。堪布剛夏是雪謙蔣貢康楚的心子，原本是一位持戒謹嚴的多聞學者，經過一場大病後死而復生，從此不再受任何框架的束縛，行爲狂放無畏，打破傳統，毫無矯飾，但其證量之力人人皆可親受感知。創巴屢屢提及堪布剛夏對他的深遠影響，他的自傳《我從西藏來》當中，他還覆述了堪布剛夏的叮嚀：「單僅是語言文字是無用的……你必須通過你的行動來表達愛慈。」

破除修道上的唯物主義

根據法布里斯・密達爾（Fabrice Midal）所著的《邱陽創巴傳》（*Chögyam Trungpa*）中的記載，初始，每次學生們要求創巴仁波切傳授一些高深秘傳的特殊法教時，創巴總是要他們從靜坐禪修開始。創巴的妻子黛安娜敘述有回一位資深老參請教仁波切：「我已修過大手印與大圓滿，現在下一步該修什麼？」時，創巴則一語道破：「我現在要教你如何禪坐。」仁波切此時的教學風格極為直接、簡單而深奧，他並向弟子們警告那在靈修道上的處處陷阱，與自我不斷的虛偽巧飾。

而後，創巴一步一步地引領學生研修西藏傳統金剛乘佛法，他的要求是嚴格的，關於傳承脈絡與虔敬心的觀念，也逐漸滲入弟子們的心懷。一九七四年後，他更組織、邀請了藏教各大派的殊勝上師，如十六世噶瑪巴、達賴喇嘛、頂果欽哲，咸皆陸續踏上了北美的土地，與異域眾生結下廣大因緣。

一九七二年創巴開示「狂智」講座之後，他轉成以較為次第性的方法來教學。然在此二講座中，我們仍可體會那充滿「以果為基」、頓悟直入的果乘氛圍環境：仁波切並非在解釋「蓮師八相」完整教本裡的所有細節，反而，我們是在跟隨創巴的教授上山下海、穿越時空、上窮碧落下黃泉，探索自己心靈幽蔽的角落——希望與恐懼，明智與我執。他挑戰我們全體概念性的思維範疇——光用我們的智性架構來理解分析是絕對行不通的；狂智即是究竟的平常如是。

創巴指出「蓮師性」無所不在，即法身（開放的空間）、報身（推展的能量）、以及化身（實際的體現）。他說：「我們內在本來就有蓮師的存在，我們被蓮師所據，我們整個生命的存在就是由蓮師所組成。因此，當我們試圖以一種外境的狀態來認識蓮師，把他當成一個存在外界的人，住在印度海岸邊某個偏遠島嶼上，一處叫做銅色山的地方，那眞沒什麼意義可言……。蓮師原則既不屬於邪惡、也不屬於良善，既不屬於是，也不屬於非，這是適合生命一切情境的法則。由於那份能量就存在人們的生命情境之中，蓮師原則才能夠將佛法傳到西藏。」

也因爲如此，創巴仁波切才能將佛法廣傳至美國與西方世界。

蓮師八相

創巴以爲，狂智是一種不斷流動的相續能量，當我們具體內化它、「活」出它時，它就自己重新衍生。既然視之爲鮮活、永續的大能，象徵狂智的蓮師八相（八變），或稱蓮花生八名號，從創巴仁波切的角度來一一解說時，與歷來各版本不同文獻中的不同說法，更有其新穎、靈動、現代而抽象的獨特見地，這與歷史考古的引據觀點是截然有異的。

本書內，創巴在兩個講座中所列舉的八相次序亦不盡相同。基本爲：

蓮師一相：蓮花王，貝瑪嘉波（Pema Gyalpo），蓮花王子。

蓮師二相：金剛總持（Vajradhara）。

蓮師三相：日光上師，尼瑪歐瑟（Nyima Öser），自在無礙，大瑜伽士。

蓮師四相：釋迦獅子，釋迦星哈（Shakya Simha），藏文是釋迦僧給（Shakya Senge），現出家相，爲釋迦佛族。

蓮師五相：愛慧上師，洛滇秋色（Loden Choksi, or Choksey），印度國師。（與佛母曼達拉娃修法的事蹟顯現於此）。

蓮師六相：獅子吼，僧給札卓（Senge Dradrok），摧滅外道。

蓮師七相：蓮花生，貝瑪桑巴瓦（Padmasambhava），藏文是貝瑪炯內（Pema Jungne），大班智達，入藏宏教。

蓮師八相：憤怒金剛，多傑卓洛（Dorje Trolö），馴服護法，隱埋伏藏。

八相之中心，蓮師所展示的「狂智」（crazy wisdom）質地，藏文是 yeshe chölwa，智慧奔狂（wisdom run wild）。狂智的本質，你完全沒有策略、觀念，你只是全然開放，完全直接地與清明智慧、覺醒的心相連結。換而言之，先有智慧，才能瘋狂，並非一逕模仿可得。事實上，創巴警誡著，若裝瘋佯狂而無實證，那是相當危險的：「凡夫不應行瑜伽士之事，瑜伽士不應行菩薩之事，菩薩不應行大成就者之事，而大成就者不應行佛陀之事。如果超越自己的極限，突然狂野放蕩起來，行爲反常，可會讓我們受傷的。我們會得到反餽，強烈的警訊會反射到我們身上。如我們的行爲超過能力所及，那就會造成破壞或毀滅。」

在此讀者或也要察覺，倘若希望能以邏輯心來牽引輔佐創巴所述的故事環節，將會相當徒勞無功，因爲重點並不在於蓮師的生平脈絡，而是去悠遊享受仁波切所領航的時空跳躍神變之旅，以此切入自心，並試著發現我們內在的蓮師原則。誠如仁波切所言：「蓮師八相其實並沒有什麼次序或相續性的階段發展，它比較像是一個單一狀態有八種面向，也就是說，一個核心法則由八種展現所圍繞。八種面向有其各式形色狀態……。我們承襲著蓮師的教法，從某種觀點來看，我們可以說蓮花生大師仍舊活生生地存在著。」

探討狂智正是一場毫無情面、超越希望與絕望的無盡旅程。必得突破層層自欺的表象，直入當下存在之深處，繼續深入、繼續放下。創巴云：「道即是果，果即是道。」當我們眞誠實在地走在這條狂智的覺悟道途上，沿路的風景與地標都可成爲我們恆常的驚艷。苦樂順逆、疑惑與確信，亦爲道徑自顯的燃料助緣。我們從純眞啓航，歷經探索、試煉、創造與展現；我們勇敢無畏地反觀生命的內外層面，透視並連結那遍在的能量，不再躁急、武斷地對人我己他驟下定論，而讓問題本身自然演化爲答案——這是一種溫柔、安忍、輪涅無二的新鮮涵融心態，更是一條極爲人性的悲智勇毅之道啊。

結語：鐵鳥飛空的年代——伏藏與未來

蓮師最後一相憤怒金剛，多傑卓洛的展顯，預告了一個艱難世代的來臨。這種艱難是來自於人心的麻木、堅硬，與物質主義的吞噬氾濫。書末一章的講座中，創巴仁波切列舉了數則蓮師沈重而精準的預言；而定業難轉，它們也似乎都一一實現了。最後，他更講述了佛法慧命傳續之道，以及伏藏的因由與類別。

伏藏（Terma），直截承接佛法的心脈，切合當地、當時眾生的質地與修行需要，是教法流傳的一劑強心針。伏藏師（Terton），他們具天賦異稟，有能力以實質或抽象的方式，取出自蓮花生大士以降蟄伏潛藏的珍貴法教，而使它們重生傳揚。

創巴仁波切從來不多談他在未離開西藏以前的祖古事蹟與伏藏師生平。直到二〇〇一年，在創巴的子嗣與法嗣、薩姜米龐仁波切第一次回到西藏祖寺拜訪以後，許多殊勝罕聞的故事，才陸續傳回歐美的香巴拉世界。米龐仁波切的表弟，噶瑪僧給（Karma Senge）仁波切，一輩子以搜尋創巴仁波切在藏地傳授的教法為職志，他在二〇〇三年初次造訪美國時，把邱陽創巴仁波切早年在藏地的種種伏藏師行誼，歷歷如繪地告訴我們。筆者曾經數度在場聆聽其講授，言之鑿鑿，絕非虛構。

這裡可以略提一下香巴拉法教的誕生：創巴在一九七六年左右，突如其來地開始對弟子們引介香巴拉法門；此法與他法略有區別，是一個更廣泛、更具普世性的，結合精神修行與屬世生活之道的修習方法。當時創巴曾自言，他只是「接收並寫下」這些經典，因此歸屬於心意伏藏（Mind Treasure）（後由頂果欽哲法王認證），而非他個人的杜撰創造。這便是「香巴拉訓練」（Shambhala Training）的緣由。

鮮少人知的是，自少年時期起，創巴已是一個頗負盛名的伏藏師。在西藏時，創巴仁波切所發掘出來的伏藏，大多是巖伏藏。根據香巴拉中一位研究格薩王的著名學者，羅賓．孔門博士（Dr. Robin Kornman, 1947-2007）的描述，創巴仁波切自六歲左右就已經傳寫出伏藏法了，其後歷年更有多部。仁波切早年所發掘的伏藏共有三種：心意伏藏，巖伏藏，和淨觀靈視。此外，他還發掘了一部特殊的「伏藏索引」，詳載有歷代創巴祖古的轉世出生與伏藏發現。

有三位藏地朝聖者曾敘述了一次親見創巴仁波切發掘伏藏法的過程：創巴自岩石側端探手而入，取出伏藏；伏藏物本身看來像一塊堅硬的石頭，混合著珍貴的寶石，紅色的底子襯著白色石紋，似乎堅不可摧，此物被稱爲「伏藏匣」，是由蓮師與耶喜措嘉的珍貴菩提心質所造成。當仁波切取出該伏藏的時候，大地雷鳴，雨水紛落（此時並非藏地之雨季），天空降下芳香的氣味。見聞者皆生出無比的信心而哭泣不已。

＊ ＊ ＊

有一蓮師預言：「當鐵鳥飛空的時代，佛法會傳達至西方。」緬懷創巴仁波切克服無數障難、如蓮師般傳導了狂智能量於此異域，時至今日，這宇宙間證悟心的大能仍然在我們之間迴盪共鳴。無論是東方或西方，遠古或今世，若我們開放己心，仍能接收到這種直接無疑，既銳利又慈悲的強大訊息。創巴仁波切說：「唯一能夠讓我們和蓮師之加持建立起連結的方式，就是透過虔敬心和慈悲心。」誠願一切佛子皆以虔誠淨念契入周融法界虛空的狂智之道！

三寶弟子　蔡雅琴

二〇一七年春，紐約州香巴拉家室心畫齋

英文版編輯序

西元一九七二年十二月，尊貴的邱陽創巴仁波切舉辦了兩場「狂智」講座，每場約一星期。第一場講座安排在一座人跡罕至的清幽度假村，位於美國懷俄明州傑克森霍爾（Jackson Hole）附近，著名的大提頓山脈（Tetons）；另一場則安排在美國佛蒙特洲的巴內特鎮（Barnet）鎮公所附屬體育館，這個地方距離創巴仁波切創立的禪修中心噶瑪丘林（Karme Chöling）僅隔街之遙，噶瑪丘林也被稱爲「虎尾」（Tail of the Tiger）。

舉辦這兩場講座的兩年半前，也就是西元一九七〇年的春天，仁波切才剛抵達美洲大陸。他發現，美國社會正經歷著一場由嬉皮主義、迷幻藥和心靈超市相互交織所驅策的社會變動。像是要回應仁波切直接、清晰又實際的孜孜不倦教導一般，一群全心投入的死忠學生集結爲僧團，而且隨時都有新力軍的加入。一九七二年秋天，仁波切安排了第一個策略性的緩衝期，前往麻州的一個隱蔽處，進行了三個月的靜思閉關。

這是具有前瞻遠見的三個月。仁波切對於自己在美洲的事業方向，以及現階段能實踐這些目標的方法，似乎做了很多思考，重要的新計畫開始成形了。閉關的最後一晚，仁波切徹夜未眠，他指示在場的幾個弟子，用手邊能找到的東西辦了一場晚宴，他自己卻是凌晨兩點才出現，然而他英姿煥發，衣冠楚楚，氣宇軒昂。師徒就這麼徹夜促膝長談，在一段對話中，仁波切懸河瀉水、滔滔不絕地說了兩個小時，大談自己前一晚心中靈光乍現的夢境，其中包含了許多非常清楚的細節。曙光中，他離開了閉關場地，整天都在外頭跑，但晚上回來之後，仍舊毫無睡眠，就在傑克森霍爾為大家講了「狂智」的第一場開示。想是早晨離開後，他心裡已經有了開啓下一階段工作的準備。這麼一個嶄新局面的不同元素，在傑克森霍爾的最後一場開示中，他當然是對大家做了詳細的解說。

西元一九七二年閉關課程中，策劃了一九七三年第一屆的「金剛界研習營」（Vajradhatu Seminary）。在這之後，創巴仁波切的教學風格有了轉變，他的教學內容變得比較著重於方法，轉而專注於引導弟子依序通過修道的不同階段，因此，「狂智」理應屬於仁波切在北美洲初期介紹性之教學內容的最終階段，但他反而在狂智講座期間展現了驚人的能力，將所有階段的法教內容一次講了出來。這教學初期，展現著極大的果乘氛圍之力量，同時也爆發出頓悟之道的可能性。這樣的氛圍持續延燒，仁波切一面將基礎教法和高階教法融會為次第連貫的殊勝教訣，同時，也針對心靈修道上無所不在的唯物現象，實施鐵腕手段的斷除。

我們可以從挑戰修道唯物主義的角度來看這兩場講座，這會很有幫助。儘管這兩場講座是因為有人請求他教授蓮師八相（蓮師八變）的開示，但創巴仁波切卻稍稍轉移了著重點，並將之命名為「狂智」。無論是「經驗老到」的弟子和新進學生，仁波切的所有弟子都很喜歡概念上能立即上手、自己也認同的明確心靈修持技巧或原則，他們對之樂此不疲；因此，如果過於詳細解說這充滿異國風情的蓮師八相圖，蓮師八相就會成為嗜血鯊魚般的修道唯物者所覬覦的血腥水中肉。這或許說明了仁波切沒有詳釋蓮師八相完整教本所有細節的部分原因，反而是教授了原始而完全不加概念修飾的狂智見地。

為了基本的閱讀方便，口語開示內容必須經過一些編輯彙整，但是我們並沒有改變開示內容的次序，也沒有遺漏任何開示正文。我們下了很大的功夫不去修飾創巴仁波切的語言風格，也不為了符合世俗上可接受的說法就更改他的措辭。但願讀者受用這些能在我們意識雨點之間川流而過的珍貴語句，從而觸及那一般概念性理解無法觸及的範疇；也希望讀者們了解，初次讀到一些語句不甚明了時，未來再行閱讀應該會豁然開朗。

這是一頭壯偉佛法雄獅的吼嘯，祈願這昂揚的獅子吼征服希望與恐懼的異類和惡棍；為了一切有情眾生的利益，祈願仁波切的願望持續被實踐而展現於此世間。

狂智　講座一

❖ 地點：傑克森霍爾

❖ 時間：西元 1972 年

蓮花王（貝瑪嘉波 Pema Gyalpo）

1

蓮花生大師與
修道上的唯物主義

我們即將要探討的，是極爲艱澀的主題，有些人可能會覺得非常迷惑難懂，但或許也有人會從中得到啓發。我們要探討的主角是蓮花生大師，其中會針對蓮師的本質、以及他與弟子互動的過程所衍生出來的不同生命型態，進行一些思索。這個主題非常微妙，而且有些層面極難訴諸言語，大家千萬別將我謙卑的嘗試誤以爲就是蓮師的究竟樣貌。

一開始，我們需要對蓮師有些基本的認識，大略了解蓮師是何許人也，他在佛陀教法的背景中，所扮演的又是何種角色，乃至於爲什麼西藏人尤其如此崇敬他。

蓮花生大師是一位印度大師，他將完整的佛法傳入西藏，時至今日，甚至在西方，他仍舊是我們啓發心靈的源頭。

我們承襲著他的教法，從某種觀點來看，我想我們可以說，蓮花生大師仍舊活生生地存在著。

我猜想，若是以西方人或基督文化的觀點來描繪蓮師的特徵，我們可以說他是個聖人。接下來我們會探討到蓮師智慧的深邃、他的生活方式，以及他與弟子相處時的善巧方便。蓮師需面對的是西藏弟子，那時的西藏人非常野蠻、未開化，他受邀前往西藏，但是西藏人根本不知道如何接待和歡迎遠道而來的偉大上師，他們非常頑強且直來直往，也就是說，不受禮教所縛。他們對蓮師在西藏的法教事業製造了許多障礙，不過這些障礙也不盡然都來自藏人，還包含天氣、土地與社會情況的整體差異。從某方面來說，蓮師所面對的情況跟我們現在要面對的狀況非常類似。儘管美國人算是擅於招待客人，但另一方面，美國文化的確有一些非常野蠻粗糙的部分。美國文化對於激發出靈性的光輝，指望靈性能被廣為接納的部分，並沒有很大的幫助。

所以這是個類比的情況，這個類比就是，那時的西藏人就是現在的美國人，而蓮花生大師還是蓮花生大師。

在詳說蓮師的生平和教法之前，先就佛教傳統「聖人」的概念來做些討論，我想會是非常有幫助的。基督教和佛教對「聖人」的概念其實有點相互衝突，基督教傳統中的聖人，通常能夠直達天聽，能與上帝直接溝通，或許是個充滿著神性的人，也因此而得以給予人們某種保證而令他們感到安心。

人們可以將聖人視為更高意識或更高靈性發展的典範。

佛教對於心靈修道的看法則大相逕庭，佛教其實是無神論，佛教教義並沒有提到有一個外在的神，因此，根本就不可能從神那裡得到什麼承諾，還把這些承諾和保證從天上帶到地上。佛教對於心靈修道的看法趨向於個人內在的覺醒，而不是和外在的什麼東西有所連結。所以說，一個讓自己心靈發展到得以連結上某種外在之原則，從中得到某種訊息，然後再分享給其他人的聖人，從佛教的觀點來看是難以發生的事，或者根本就不存在。

佛教的聖人，例如蓮花生大師，或者像佛陀這樣的偉大人類，他們所表率的是，一個完全平凡且迷惑的人，竟然可以讓自己覺醒！他們竟然可以在生命的某次災難或類似的困境折磨中，讓自己振作起來，讓自己覺醒過來！生命中的各種煩惱、苦難、不幸和混亂，開始讓他們清醒，撼動他們；受到如此大震盪後，他們開始問自己：「我是誰？我是什麼？為什麼發生這些事呢？」然後他們深入探究，發現自己內在有個什麼東西在問這些問題，他們發現那個東西其實非常有智慧，並不像自己原來所想的那麼迷惑。

這其實活生生地發生在我們自己的生命中。我們感受到某種迷惑感，它看似迷惑，但那個迷惑卻暴露出某種值得一窺堂奧的東西。我們在迷惘之中所提出的問題，是極有影響力的問題，是我們眞正的問題，我們問：「我是誰？我是什麼？這是什麼？生命究竟是什麼？」諸如此類等，然後我們深入探索，又問：「其實，到底是誰在問這問題啊？問『我是誰』的那個人到底是誰？問『那是什麼』甚至『什麼是那是什麼？』的那個人到底是誰？」

我們像剝洋蔥一樣直入問題的核心，從某種程度來說，這就是無神論心靈修道的極致，外界的啓發並不促使我們更進一步依據外在情境上塑造自己，相反的，現存的外在情境正是在告訴我們，自己有多麼迷惑，而這讓我們思考的更多更遠。一旦我們開始這麼做，勢必會引生另一個疑問：知道自己是誰、是什麼之後，又如何將所學習的知識運用到日常生活中呢？如何實際應用這些呢？

看來我們似乎可以有兩種途徑，一是**努力成爲理想中的狀態**（to live up to what we would like to be），再則是試著**以原本的面貌來生活**（to live what we are）。成爲理想中的狀態——譬如假裝自己是個什麼聖人或了悟者，無論你想把這類人中典範稱爲什麼都可以。每當我們發現自己有什麼過失，有什麼弱點，有什麼問題和煩惱，我們的反射動作就是立刻想要佯裝自己完全不是那樣，好像從未聽過自己有錯、有迷惑這回事。我們試圖說服自己：「要正面思考！裝作沒事就好了！」儘管知道實際生活層面上自己哪裡出了錯，但在「廚房水槽」的現實層面上（kitchen-sink level）❶，我們卻不甚重視它。「把那些邪惡的負面能量拋諸腦後吧！」我們

編按：註號○為原註；●為譯註。

❶邱陽創巴仁波切指定負責翻譯法本的資深英譯者之一 Gerry Wiener 解釋：仁波切常用「廚房水槽」的說法，他所要表達的是日常生活中的瑣事，譬如：洗碗、清馬桶、工作、換尿布、開車上班等等，相對於參加高深殊勝的大圓滿灌頂，我們要把禪修融入「廚房水槽」的活動中，也就是真正融入「實踐」的層面。

說，「用另一種方式來思考，假裝一切安然無恙。」

這種方式就是佛教傳統中所說的「修道上的唯物主義」（spiritual materialism），也就是說——不切實際，以嬉皮俚語來說，可以說是「神遊太虛」。「忘了那些狗皮倒灶的事吧，假裝天下太平就好。」許多宗教教導了各種技巧，讓我們總是得想到所謂的良善、更好或最佳狀態，甚或究竟之善、神聖的狀態，無論是佛教、印度教、猶太教或基督教等的「這類途徑」，都可以歸類爲修道上的唯物主義。

當我們開始覺得自己和所謂的良善有關係時，我們就覺得開心了，滿心歡喜地，我們想：「我至少找到一個答案了！」而這個答案就是，我們唯一要做的，就是看待自己已經自由解脫了，然後，透過界定自己已經處於自由解脫的位置上，我們只需要讓一切自然流動即可。

接著，我們還加上一點潤色，讓我們的修道唯物主義更鮮明些——只要在心靈探究上有所不明白、過去不明瞭的那一切，就把它認定爲各種經典描述的「那個超越心靈、超越言語、難以言喻的狀態」，或把它歸類爲難以言喻的某種自我等，諸如此類的東西。我們把自己對自我的缺乏了解，全都推給那些虛無縹緲、難以形容的狀態。如此一來，我們的愚癡竟然被塑造成有史以來最偉大的發現。我們還可以聲稱這「偉大的發現」呼應了教義的見解，譬如「救世主」或其他對各種經典的某些解讀。

先前我們是一無所知，現在可好了，我們竟然明白了自己實際上根本不明白的東西。現在眼前可是別有洞天！我們無法用言語、概念和推量來形容它，但卻已經「發現了」這個東西。然而，要開始這個過程，我們還得先把自己扭曲成所謂的「好」。所以我們有了這麼一個開端，可以直接且刻意把自己的迷惑解釋成某種不迷惑的狀態，但我們這麼做只是因爲在找樂子，在尋找某種心靈修持的樂趣罷了。這麼做的結果是，我們更確認了自己尋尋覓覓的這個樂趣的本質屬於一種「未知的狀態」，但實際上，這是因爲我們根本不知道從這個行動策略中，究竟會找到什麼樣的心靈樂子。我們解讀各種經典所意指的這個未知狀態，只能證明一件事：我們其實根本不知道自己努力在修什麼。然而，我們眼下的確已經有了心靈修持的信念，因爲我們抑止了原來不知我是誰或我是什麼（也就是感覺自己或許什麼也不是）的疑竇；我們抑止了它，甚或不再覺得這個疑竇有所存在了。

這個令人爲難的自我其實提供了一個墊腳石，讓我們觸及那個未知狀態，觸及那個我們一無所知的本質，但是，抑止了對自我的疑竇之後，接著就是要繼續玩兩種迷惑妄念的遊戲，一是「未知狀態」的遊戲，另一是「超越未知」的遊戲。這兩種遊戲都是心靈修道唯物主義的一部分。我們不知道自己是誰、是什麼，但是我們卻知道自己想要成爲某人或某種狀態。即使我們不知道自己想要達到的那個狀態到底是什麼，卻毅然決然勇往直前，這就是第一種（未知狀態的）遊戲。然後，在這「成爲某種狀態」的遊戲之上，我們也想要知道，那個相應於這「某種狀態」的世界或宇宙，應該藏有某種玄機。我們渴望找到所想了解的那個東西，但實際上卻無法理解它，所以這就成了所謂的「超越未知」。由於無法理解它，我們說：「就把這個更巨大更龐偉的迷惑，界定爲『神格無限境界的靈性』（spirituality of the infiniteness of the Godhead）好了。」諸如此類的說法很多。

以上的說明應該讓我們多少明白了何謂「心靈修道的唯物主義」。心靈修道唯物主義的危險在於，它能影響我們開始虛構各種假想。首先是向內或個人層次上的假想，這麼做是因爲我們想要快樂。其次，我們虛構靈性上的假想，因爲那個超越一切且巨大的、更偉大的發現，對我們而言仍舊是個謎。這又帶來了更進一步的假設：我們並不知道自己透過那未知的狀態，所要達成的東西究竟是什麼，然而我們卻給它貼上了一些含糊曖昧的形容詞，好比「融入宇宙之中」或「天人合一」等等。而且因爲我們沒有眞正達到那個境界，一旦有人質疑這個「融入宇宙」的發現，我們就會編造更進一步的邏輯，或者試圖從經典或其他權威說法中尋找佐證，加以強化。

這一切所造成的結果是，我們肯定了自己，也確認了我們聲稱自己經歷過的狀態是一種眞實的存在，不准別人質疑這點；在某些階段中，完全沒有可讓他人質疑的餘地，我們的整個視野，固著成一種不留任何空間給別人提出疑問的狀態。我們可以將之稱爲「證得自我」，恰恰和「證得覺悟」完全相反！這時，如果我想要以你作爲我瞋恨或貪欲的對象，而你卻不接受，那就是你的錯了！是你不了解這難以言喻的靈性修持，所以你錯了！而我可以幫助你的唯一方法，就是把你縮小成玩偶，就是掏出你的腦你的心，讓你變成聽命我指揮的傀儡。

以上簡略描繪了何謂修道上的唯物主義，也就是兩個可能途徑中的第一個：**努力成爲理想中的狀態**。接下來我們要談談第二種途徑：**以原本的面貌來生活**。

這個可能的途徑端繫於：發現了自己的迷惑、不幸和痛苦，卻不將這個發現變成某種答案；我們要不斷深入探究，深入再深入，但卻不去尋找什麼答案。這是一個面對和處理自己、生活、心理狀態的過程，我們不去尋覓答案，而只是如實地看著事物本身——看著腦袋裡發生的一切，直接地、單純地、絕對地、實在地看著。我們若是承受得起這樣的過程，就會有非常大的機會，讓心中翻騰的混亂與煩惱等迷惑妄念，轉變為能令我們更深入觀察探究的基礎，然後我們再繼續觀察，更進一步、更深入。我們不對任何事物下任何定論，不認定任何答案。例如，我們可能會因為發現自己哪裡出了錯，就認為**那就是了**，問題一定出在這兒，而這就是答案了。

別這樣，千萬別死抓著這個觀點不放，而是要更進一步。「為什麼會這樣呢？」我們持續深入觀察，問自己：「為何是這樣呢？為何會有心靈修持？為何會有所謂的覺醒？為何會有這麼一個解脫的時刻？為何會有這個所謂的發現靈性的喜悅？為什麼？為什麼？為什麼？」我們不斷深入再深入，深入再深入，直到某個再也找不到答案的點上。連疑問都沒有。疑問和答案二者同時都死去了——疑問和答案開始愈來愈接近彼此，像是電線摩擦短路一樣，把彼此燒掉了。此時，我們就會想要放棄對此疑問的解答或其他什麼的希求，我們徹底絕望了——如果你想要附庸風雅，這也可以被稱為「超越希望」。

這個絕望就是狂智的精髓，完全不抱持任何希望，徹底的無望。甚至超越了絕望。（最糟的結果就是，我們試圖將那個絕望轉變為某種解決方案，讓自己再度落入迷惑之中，這當然也是有可能的。）

這個過程就是節節搗進、不斷深入，完全遠離心靈修道的任何概念，遠離救世主的概念，遠離善惡的所有概念——遠離任何一種概念或參考點！最終，我們可能會到達絕望的根本層面，到達超越希望的根本層面。這並非意味著變成死板板的僵屍，我們還是活力充沛，還是陶醉在我們的發現之中，陶醉地看著這個一層一層展露出來、一步一步持續下去的過程。這個發現的過程會自行充電，讓我們能夠繼續不斷地契入深處。這個不斷深入的過程，就是狂智的過程，而這狂智即是佛教傳統界定為「聖者」（saint）的特性。

我們即將進行探討的蓮師八相，就是關於這類穿透心靈的洞察過程，我們突破心靈境界的表象，然後突破更深一層的表象，再深入突破無窮盡的層層表象，直搗層層表象的深處，不斷地深入再深入。我們將要透過蓮師生平故事（蓮師八相）、以及狂智的探討，讓自己進入這個過程。

在這個脈絡中，我們看到佛教的修持方法是：無論在修道上的哪個發展階段，都要堅定決絕地斬斷任何能讓自己肯定自己的機會。每當我們發現自己在修道上有了什麼進展，那個對進展的發現其實是會阻礙我們向前進步的；所以，不要給自己暫停放鬆的機會，也不要恭賀自己的進展。這是一條不歸路，一條堅定決絕、馬不停蹄的心靈修持之道，而這即是蓮師修持之道的精髓。

蓮師必須和當時的藏人互動，你可以想像一下，一位偉大的印度大神通法師、班智達、無上持明者、密續大師來到了雪域西藏，藏人都臆測著他將教導大家領悟自心本性的美妙教法，於是引頸企盼，期待滿滿；而蓮師的責任就是大刀闊斧地，把藏人對於所謂心靈修持的層層疊疊的期待和設想一一斷除。蓮師在藏地的末期，示現為憤怒金剛時，這些層層疊疊的期待才徹徹底底斷除了。藏人開始領悟到，所謂的心靈修持即是斬斷希望和恐懼、也是亦步亦趨隨著這個過程而來的智慧瞥見。

弟子：狂智和純粹的瘋狂之間，有什麼不同？有些人可能就是想繼續發瘋，繼續迷惑，給自己找藉口說這就是狂智，所以說，這兩者之間的差異究竟是什麼呢？

創巴仁波切：這就是我整堂課試圖在解釋的，不過我再試著解釋一次好了。凡俗的瘋狂，就是總想著在這些遊戲中贏得勝利。我們甚至可能力圖將這瘋狂變成某種證書或憑證，讓自己出人頭地。我們可能企圖以貪欲或激情來吸引他人，或是以瞋怒或侵略性來毀滅他人，諸如此類等。我們的心頭常時縈繞著這類遊戲。這些心的遊戲（層出不窮的對策計謀）可能時而會帶給我們片刻的慰藉和緩解，但這樣的慰藉和緩解，卻必須藉由更多的瞋心或侵略性來維持；這種瘋狂得時常不斷地自我供給，如此周而復始，循環不斷。

至於狂智的原始瘋狂，我們並不允許自己被貪欲所引誘，也根本不被瞋心所擾動。我們如實地體驗這些經驗的本貌，而如果在這究竟的平常心之中，有什麼東西開始把自己搞得很了不得的樣子，我們就立刻斬斷它，不去管此善彼惡的任何特別的概念。狂智就是眞理的行動，它斬斷一切，它甚至不將虛假轉變爲眞實，因爲這麼做本身就是一種腐化或訛誤（corruption）。狂智是堅定決絕的，因爲如果你想要的是完全的眞理，如果你想要成爲那圓滿完整的，那麼，你若是將所出現的經驗轉譯成你自己的術語、解讀爲你自己的說法，由此而起的任何聯想或暗示，都不值得你去深究；相反的，凡俗的瘋狂方式卻完全取決於這種狀態，你將所出現的任何經驗裝入自己的框框中，你把它變成符合你想要的狀態，符合你想要看到的狀態。但是，狂智在事物如實的本貌中卻是眞正精確的，這就是蓮師的行事風格。

弟子：戒律或對自己的紀律和自己的本貌有什麼關連？我以爲戒律的意思是把某種東西加諸自己身上？

創巴仁波切：最難持守的戒律就是作你自己。總是努力去成爲「不是你」的狀態反而容易多了，因爲我們被訓練成自欺欺人，慣於把事物裝進適當的分類罐中。反之，若是把這些都剔除了，整件事就會讓你覺得太過難受、太過無聊，沒有了能說服自己去做什麼的餘地，一切都變得單純至極。

弟子：您常善用自己的幽默感來作解釋，您所用的幽默方式是否就是狂智？

創巴仁波切：不完全是。幽默感仍舊過於偏向另一邊，也就是希望與恐懼。它是一種辯證性的心理狀態，但狂智卻是一種全面性的方式。

弟子：我們是不是透過修道上的戒律，來看待希望與恐懼？

創巴仁波切：你其實說的非常好。從這個觀點來看，只要是堅定決絕的（任何無所希望和恐懼的），就和心靈修持有所關連。

蓮花生大士年輕比丘相（Padmasambhava as a young bhiksbu）

2

佛三身

我們之前談到了心靈修持的兩種可能途徑：修道上的唯物主義，以及超越修道唯物主義。蓮師的方式就是超越了修道唯物主義，就是發展出根本的明智（sanity）。發展根本的明智就是一個面對自己的過程，在這過程中，達成目標並非是所要用功的主要部分，重點反而是「道」本身。持續啓發著我們的是修道，而不是那些告訴我們未來某時會證得成就的保證，就好像在驢子面前掛著紅蘿蔔一樣。換言之，要解釋的一清二楚的話，修道唯物主義以及超越修道唯物主義，二者的差異在於，前者透過好似驢子面前掛著紅蘿蔔的保證，連哄帶騙地把驢子趕上路；但是後者卻沒有任何目標。目標就存在日常生活中的一時一刻之中，存在我們心靈之旅的一時一刻之中。

透過這種方式，心靈之旅變得既美妙又刺激，就好像我們早已是佛一般。我們不斷有新的發現，不斷接收到新的訊息和警訊；我們得持續減除習性，面對接踵而來的痛心教訓，但當然也有開心的時刻。超越修道唯物主義的心靈之旅是一趟完整純粹的旅程，而不是依賴於一個外在目標的旅程。

我們就是要以這趟旅程的完整性作爲出發點，來探討蓮師的一生。這個完整純粹可以就某些面向來形容：它有著根本空間或一種全體周遍狀態，它有著能量和動能變化，它也具備實用主義的應用原則，可以用來處理日常生活中的一切。此處說到了三個原則：一，周遍狀態，也就是整個「道」的環境。二，「道」上的變動性。三，「道」的實用性。這就是所發展出來的三種面向。

在正式說明蓮師八相的細節之前，我們最好先探討一下這三個原則，看看蓮師如何向我們展現為「道」。

首先，我們必須更仔細審視道的本質。「道」即是我們放入日常生活中的心力和能量，其中包含了我們努力面對和處理生活中的各種狀態，以之為一種學習的過程，這些生活狀態有可能充滿了創造性或毀滅性等等，無論是咖啡潑到旁人的桌面上，或是把鹽罐遞給別人，都沒有不同。這些都是日常生活中會發生的事。我們總是在做什麼，總是在面對人事物或拒絕人事物。這種動能變化總是在展現。我現在說的並非特別是心靈方面的事，而是柴米油鹽的日常瑣事，也就是生活中總是會發生的事。那就是道。

「道」並不需要特別被貼上「靈性」的標籤，道就只是一趟旅程，一趟與各種現實狀態交流的旅程，如果你覺得比較合意，也可以說是一趟與各種「非現實狀態」交流的旅程。去面對這些交流狀態（活生生的過程、存在的過程）——這就是道。我們或許會想：道和證得正覺或證得自我等息息相關，但無論是哪一個，我們未曾被套牢過。我們或許會以爲自己被套牢了，進退維谷，覺得生命何其寂寥等等，但實際上我們從未眞正厭煩過，也從未被套牢。生活中周而復始的狀態其實並非眞的是重複的，而是由持續發生的事件所組成，各種情況不斷在發展和形成。這就是道。

從這個觀點來看，道是中性的、不偏頗的，它並不偏重哪一邊。從起初最根本的分裂開始，這趟旅途就啓程了，我們開始認同所謂的「他」、「我」、「我的」、「我們的」等等，我們開始把事物認爲是各自分離的實體。其他的稱爲「他們」，而這個就稱爲「我」，旅程就從這兒開始了。這即是輪迴和涅槃的首次創生。從我們決定以某種方式連結上這些情況的能量時，就讓自己踏上了一段旅程，邁入了道。

之後，我們發展出某種與道互動的方式，道就開始偏向世俗或者靈性那一邊，換言之，並不是說靈性就是道，靈性只是形成我們自己的道或能量的一種方式。

道的成形可以就三種情況來看，這三種情況即是我之前提到的：周遍狀態、動能變化與實用主義的應用。舉例來說，第一種是經驗的周遍狀態。就經驗的周遍狀態而言，這指的是我們如何與自己的道互動的一個層面。「道」反正就是進行中，然後我們以某種方式與之互動，我們以某種態度來面對它；於是道不是成了靈性之道，就是成了世俗之道。這就是我們與道互動的方式，這就是我們的動力開始的方式。而我們的動力又有三種型態。

在佛教傳統中，道的這三種面向稱爲：法身、報身與化身，道的成形以此三面向爲據，其永無間歇的過程有著某種整體的態度，旅程透過一種全然的根本明智而呈現出某種模式。但這個全然的明智或覺悟的特質，在世俗眼光看來並不特別吸引人。它是之前我曾提過的一種全然的敞開，而正是這種全然的敞開令我們得以超越希望和恐懼。透過這樣的敞開，我們如實地和萬事萬物的本貌互動，而不是期待事物順諸我意，成爲自己所期待的樣子。這個向著超越希懼而行的根本明智，即是覺悟的心態。

這個心態非常實際，它既不拒絕在道上出現的任何人事物，也不執著道上出現的任何人事物，它只是如實看到一切現象的本貌。所以，這就是全然的、徹底的敞開，無論出現什麼，我們完全樂意去深究細查，去面對、處理，把它當作整體過程的一部分而與之互動。這即是毫無偏頗、包容一切的周遍虛空——亦即法身境界。這是一種兼容並蓄的思考，是更爲開闊廣大的眼界，和小家子氣的狹隘視野是大相逕庭。

只要不把這個世界當作敵對的一方，我們就是在遵循法身之道。世界恰與我們水乳交融，我們必須與它合作共事，沒有什麼事物的出現值得我們與世界抗爭；世界是如此豐盛，爲我們準備了充足的資源。這個根本的慷慨布施和豐足之道即是法身之道，是全然的正面思考。這個更爲壯偉的視野，即是與道相關的第一個心態。

接著是第二種心態，這與報身有關。誠如方才所說，萬事萬物都是敞開、寬廣和可運用、可琢磨的，但是其中玄妙不止於此，我們還需要和這個全然敞開中的火花、能量、閃光與勃勃生機產生互動。

這個能量包含了貪、瞋、癡、慢、嫉等等，我們必須認出並承認它們。要想，心境中所發生的一切，都是普照靈修大道的耀眼光華；這光芒亙古普照，隨時都在給我們驚喜。在我們的存在之中，有這麼一個角落是如此鮮活，如此生機盎然，如此威猛有力，隨時都有新的發現，新的契機，這就是報身與道互動或產生關連的方式。

因此，「道」即是更大器地全然接受事物本貌，也可以說是陶醉在各種情境中所發現的驚奇。值得一提再提的是，我們並非把這些體驗歸納到善行、宗教或世俗的不同收納盒中，而只是純粹和生活中所發生的一切產生互動。我們在這趟旅途上與不同的能量和熱情相遇，這些會帶給我們源源不絕的發現：發現自己的各種層面，發現自己的不同樣貌。這個時候，可謂是森羅萬象蔚爲奇觀；終究，我們並非自己往昔所想像的，只是平淡無奇的空白一片。

最後是我們與道的第三種關係，這與化身有關。這指的是存在世間的根本實用性。我們具備了全然的周遍狀態，也有了豐富多采的能量，接著則是如何在這活生生的世界，於其所呈現的本貌中，令一切有效運作。最終的這個面向需要無比的覺性和努力。我們無法就這麼仰賴此周遍性和能量來處理一切，而是必須在處理日常生活事件的方法中，加入一些紀律；心靈修持傳統提到的修持訓練和方便，都與這個應用性的化身原則有關。其中包含了練習禪修、訓練智能、進一步投入人際關係中、培養根本悲心和溝通交流的管道，且發展出知識和智慧，能綜觀整體並看見一切事物都可行的可能性。這些其實都是化身修持訓練。

法身、報身和化身此三原則（三身），或可說是三個階段，爲我們的心靈之旅提供了完整的根基。有了三身的法則，我們得以有效運用這趟旅程和我們對旅程的態度，讓我們能夠直接和智慧地面對、處理，而不需要將之歸類爲某種曖昧模糊的「生命中的神秘事件」。

就心理狀態來說，三身的每一身有著另一種特性，這非常值得一提。作爲心理狀態，法身代表的是基本存在的狀態，這個全體周遍狀態中從未存在迷惑和無明，是一種「完全不需任何參照點（無緣）」的全然存在。報身是源源不斷蘊含著自發的能量，因爲它「從不依憑任何因和果之類的能量」。化身則是一種「不籌謀應如何造作」的自生自存的行動實現。以上爲就佛性的心理層面所作的演繹解釋。

檢視蓮師的生活與其八相，我們將發現這三種原則。而見到這些心理原則體現在蓮師的生命中，能讓我們不將蓮師僅僅視爲無人目睹過的某種神話人物。這些是我們可以一起努力的原則，而你們當中的每一個人，也可在自己身上潛修這些原則。

弟子：蓮師八相是否類似八種階段，我們通過每個階段在自己的心靈成長中做突破？

創巴仁波切：蓮師八相其實並沒有什麼次序或相續性的階段發展，它比較像是一個單一狀態有八種面向，也就是說，一個核心法則由八種展現所圍繞著。八種面向有各式形形色色的狀態。就心理層面而言，我們的確可以藉由理解它、與之有所連結來做一些突破。但經典上說，當蓮師示現出這八種相時，他已經證悟了，所以蓮師八相並非是蓮師的修道之旅，而是在展現和表達他自己的狀態，與當下處境共舞，當時他已經在展現自己的狂智表態了。

我要說的是，我們可以在某個俱足條件的狀態下，在自己身上發現這八種面向。我們可以和這八種面向連結上，我們可以同時透過這八相來突破。

弟子：這麼說來，它並非像是菩薩十地一樣，是一種循序漸進的過程。

創巴仁波切：你想想，我們現在討論的是頓悟之道，是密續的現證或頓悟之道。這是一種非由外在按部就班的建構或揭露所得到的了悟。這個了悟是由內而外吞噬，而不是從外向內剝露。由內而外吞噬是密續的方法。就某方面來說，這個方式取代了菩薩道的菩薩十地。我們現在說的比較是佛的金剛喻定，以及他和萬事萬物互動的方式，想當然爾這一定是跟佛性有關；此處我們是以一種頓然直接的傳授方式來契入，而不是逐次經歷六度波羅密或菩薩十地。此處的方法是視自身為佛，佛即是道，而不是目標。我們是從內而外來琢磨，面具是自行掉落的。

弟子：蓮師甫出生就是佛了嗎？

創巴仁波切：應該這麼說，他是個覺醒的人，不是圓滿了悟的佛。他是法身原則，試圖在報身的層次展現自己，然後開始和外在世界互動。因此，我們可以說他出生便是一個身為「準佛陀」的人，堅定決絕且無所畏懼地突破種種障礙而獲得成就。他在某個當下頓悟了正覺，而這看起來也是我們可以做到的。

弟子：那麼，這是否和您常常提到的，要我們「跳躍」的觀念有關？

創巴仁波切：這裡說的比較像是跳躍的心態而不是實際上的跳躍。你願意跳躍，於是便有了跳躍的情境。此處的重點是你具備的根本精神或觀點，而非僅止於處理和應對事件的某種方便，這是更爲宏觀大度的狀態。

弟子：您常提到堅定決絕和無畏，到底是要對什麼感到堅定決絕？是不是硬著心腸堅決地採取某種心態？

創巴仁波切：「堅定決絕」的重點在於，當你處於堅定決絕的狀態時，沒有人能夠拐騙你，沒有人能夠引誘你偏就不健康的方向。這種堅定決絕或硬著心腸下決心，並非是世俗上那種不合道理的瞋恨，譬如墨索里尼或希特勒等這類情況；你不會被拐騙或引誘，你根本不會去接受，即使各種誘拐你的企圖假威假狀地攪起能量，好似要毀滅那個吸引你的對境，你也不會受影響。如果你是全然敞開，全然啓迪於狂智中，那就無人能誘使你陷入他們的地盤。

弟子：所以你可維持在那種堅定決絕中——

創巴仁波切：不是你維持堅定決絕，你的堅定決絕是被他人維持的，你不用「維持」什麼，你只是活在當下，無論遭遇任何情境，你只是反射回去而已。以火焰舉例來說，火焰並不「擁有毀滅性」，毀滅就是會自己發生。如果把東西放進火焰中，或試圖滅火，火焰的反噬力就會出現，這就是火焰的基本性質或化學作用。

弟子：當種種情境來臨時，你得堅定決絕，這樣才能抵禦這些情境，是嗎？如此即表示你必須去判斷是與非，也必須判斷發生在你身上的事究竟是正面或負面，判斷當時應該拿出悲憫或堅定決絕的態度。

創巴仁波切：並不是這樣的。這裡所表達的是一種凌駕和超越一切的堅定決絕，並不需要做什麼判斷。情境會帶來行動，你只是去反應，去反射它，因爲這些元素其實都含有瞋恨或侵略性。如果你以一種不尊重或笨拙的方式來介入或處理這些元素，它們就會倒戈相向。

堅定決絕看似依存於一種相對性，一種「這個」相對於「那個」的狀態，其實不然，它是究竟的、絕對的。其他人提出相對的觀點，你則斬斷它；這樣的存在境界完全不在相對層次上。換言之，這個究竟性穿透了它所面臨的相對性觀點，但又保持著獨立自足。

弟子：那不就變得孤立又孤寂？

創巴仁波切：不，並非如此，因爲究竟和絕對意味著「一切」，所以，可以說你會擁有的遠比所需要的更多。

弟子：您的意思是，絕望和無畏其實是相同的？

創巴仁波切：是的。這二者其實是究竟的，如果你能夠與之共舞的話。絕望和無畏都是究竟的境界。

弟子：如何把「堅定決絕」的態度運用在「摧毀自我」上呢？

創巴仁波切：嗯，強大的自我或我執帶來了所謂「不慈悲」的度量心，換個角度來說，當煩惱和迷惑到達一種過度的頂點時，唯一能夠修正它的方法，就是摧毀它。你必須徹頭徹尾地粉碎一切，那個摧毀的過程是必須的。然而它是透過迷惑本身而被摧毀，不是有個人在那兒想著：最好是用什麼力量來摧毀迷惑。這其中並不涉及任何思考或概念，迷惑本身的強度導致了它的自我毀滅。堅定決絕的態度只是讓那個能量能夠眞正變成行動而已。我們只是讓那能量自焚而盡，而不是去主動毀掉什麼，我們只是讓我執的煩惱自我毀滅，而不是動手去毀滅它，這就是所謂的堅定決絕。我執堅定決絕且無情地殺掉自己，而你只是爲它準備了一個現場罷了。

這並非是一場交戰。你只是在那兒，而它就發生了。另一方面來說，如果你不在那兒，很有可能會有其他代罪羔羊，或形形色色的焦點轉移；但你若是在那兒，在那個當下，你甚至不需要什麼堅定決絕的態度，你就只是處於那個當下，但是以我執的觀點看來，那就是一種堅定決絕的態度。

3

本初的純眞

修道的啓迪和恰當的心態，能在心靈上產生特定的作用。修道能讓我們有機會連結上那個根本的、本初的純眞。

我們是如此著墨於痛苦和迷惑，以致於忘了那根本的純眞。我們著眼心靈修持的方式，通常是去尋找能讓我們重現成年期的某種經驗，而不是回歸自己純眞的赤子之心。我們糊里糊塗地被引領去找尋一種能讓我們完全長大成人，且變得體面可敬的方法，好像眞有這種方法似的，或至少心理作用上聽起來是如此。

這似乎也呼應了我們對證悟的根本觀點，我們覺得證悟者差不多應該是個老智者的模樣，倒非得是老學究的樣子，但或許比較像是個老爸爸，能夠給我們一些忠告，告訴我們如何處理生命中的棘手事；又或許像個老奶奶，熟知所有的食譜和治病的偏方。這似乎就是目前存在我們文化中的對證悟者的想像：蒼顏皓首，年高德劭，獨具慧眼，成熟穩重。

密續對於證悟則有截然不同的觀點，反而是和青春與純眞有關。

我們可以從蓮師的生平故事看出端倪，心的覺醒境界並非被描繪爲年高德劭的成年人，而是青春年少，自由奔放。此處所指的青春自由，和心之覺醒狀態的誕生有關，心的覺醒狀態有著黎明清晨的特質，新鮮、閃耀、全然甦醒。這就是蓮師之誕生的特質。

對修道有了認同感和正確的心態之後，我們突然發現其美妙之處。這條修道有著一種新鮮感，這和進行一系列不同修持的單調不變，恰好有著強烈的對比。我們有了新發現。這個新發現就是蓮師的誕生。

蓮花生大師——蓮師，從鄔底亞那國（亦稱鄔金國）一座湖裡的蓮花中誕生，甫出生就有著八歲孩童的模樣，好學好奇、聰明過人、青春健美、不被任何事物所損。正因爲蓮師不被任何事物所損，所以也不畏懼接觸任何事物。空行眷眾圍繞著供養蓮師，演奏著天樂；在這座清新無染的淨湖之畔，甚至各種奇禽異獸、野生動物等，都環繞著向他頂禮。這座湖即是鄔金國中的達那寇夏湖（Lake Dhanakosha），位於阿富汗境內喜馬拉雅山麓。這裡的環境非常類似喀什米爾，山中空氣清新，眾山覆蓋著雪被，山清水秀，卻帶著一抹狂野不羈。

一個幼兒誕生在人跡罕至的野地中，一座湖上的蓮花裡，這根本就超越了概念心所能想像的範疇。首先，嬰兒怎麼可能從蓮花裡生出來？再者，這樣的荒山野地充滿著危險，根本不適合孩子的出生，而且生出來還活碰亂跳，健康得很——這根本是不可能的事。話說回來，超越我們想像的、不可能的事，其實常常在發生。事實上，不可能的事在我們的想像出現之前就發生了，所以我們才能那麼合宜地把它們描述爲「不可能」，甚至說「不可捉摸」、「光怪陸離」。

蓮師就在這座湖上的蓮花中出生了，他是一位王子，年少可愛，卻是冰雪聰明，而且是極端才智過人，他閃亮的雙眸凝望著你，一點都不害怕碰觸任何東西，在這個良善美麗的八歲孩童身邊，有時還眞令人感到窘迫。

心的覺醒狀態可以像是孩子，或者像是我們一般所想像的成人一般。生命打擊我們，讓我們迷惘困惑，但總是有人勇渡生命的湍流而找到答案，總是有人席不暇暖、殫精竭慮，最終得證心的平靜。這就是我們一般的印象，但蓮師並非如此。他年幼青澀，尚未經歷生命的錘鍊，方從阿富汗境內某座湖中的蓮花中誕生。這眞是個令人興奮異常的消息——一個人竟然可以既是證悟者，又是孩童的模樣。這其實和萬事萬物的本貌相符一致：我們若是覺醒了，也就只是一個孩童。也就是說，在體驗的第一階段，我們就好比孩子一般。我們眞摯純眞，因爲我們回到了存在的本初狀態。

蓮師後來被請到因札菩提王的王宮中。原先是因爲國王命園丁們前去達那郭夏湖畔摘取蓮花和各種鮮花，結果，其中一位園丁意外發現了一朵巨大的蓮花，蓮花中央坐著一個笑瞇瞇的孩子。他不想碰觸這個孩子，他害怕神秘未知的東西。園丁向國王稟報這個消息，國王於是命他將孩子和蓮花都帶回宮中。之後，蓮師被加冕昇座爲鄔金國王儲，名爲貝瑪惹嘉，藏文是貝瑪嘉波，意爲「蓮花王」。

我們都有可能尋著自己的純眞和赤子之美，那隱藏於內在的王子特質。在發現自己所有的迷惑和煩惱之後，我們開始意會到它們其實無法作害，對你莫可奈何。然後我們逐漸找到內在的童貞。當然這指的並非是原來那種幼稚可笑的狀態，也不是說我們還原成孩童的模樣，而是說，我們找到了內在的赤子之心。我們變得純眞、好奇、活潑，我們想要進一步探索這個世界，這個生命。所有的先入之見都脫落了，我們開始認識自己——就像是新生一般，我們發現到自己的純眞，我們的本貌，我們永恆的青春。

第一個突破瓶頸，就是發現了我們的赤子之心，儘管我們已經不再驚懼害怕，但是對於生命中的應對進退尚有些憂慮。此時有點像是首次步出家門，走南行北，勇闖未知之地的感覺。我們那些二元的經驗，自以爲了解的事物，還有先入之見，這一切的一切都變得虛妄，都崩毀了。現在，我們第一次認出了修道的眞正本質。我們捨棄了自我的專用包廂，或者，至少也看清了這些。

越是了解自我和我的煩惱，就越接近那個不知如何面對生命下一步的赤子之心。人們常問：「假設我眞的去禪修，那接下來要做什麼呢？如果眞的達到了心的祥和平靜好了，我又要怎麼應付敵人和上司呢？」我們問的這些問題其實非常孩子氣。「在修道上行進時，如果發生了這樣和那樣的事，那接下來會怎麼樣呢？」這非常孩子氣，非常純眞，這是一種概念的新發現，一種如實感受事物的新發現。

話說回來，蓮師住在皇宮裡，有人服侍他、款待他。到了適婚年齡也被要求應該成婚。純眞無邪的他對此毫無興趣，但最後終究還是答應了。年輕王子長大成人，與妻子共組家庭，探索了男歡女愛和婚姻生活。長此以往，他開始意識到周遭這個世界不再那麼脆弱易碎，不再像是蓮花花瓣一般弱不禁風。五光十色的世界，無奇不有。感覺像是生平第一次拿到了眞正的玩具，握在手中可以任意把玩，鬆開螺絲，拆解成零，然後再化零爲整。

這是一個非常動人的故事，一趟披星戴月、千山萬水的旅程。從法身的根本純眞，佛性的本初境界中，我們起步，踏上旅程；然後必須在報身和化身的層面上，和世界的遊戲嬉鬧有所連結與互動。

幼兒蓮師代表了那個圓滿純眞的境界，其中無有二元，無有「此」或「彼」。這個境界完全遍滿，帶著一種清新；這個境界是全然的，周遍一切處，因此其中毫無參照點，而若說它是無參照點，那麼就沒有任何事物可以污染我們的概念或觀點。這是絕對究竟的狀態。

由此起點，蓮師結了婚之後，遊戲更大膽了，甚至開始探索瞋恨心，他的新遊戲是使盡全力亂丟東西，將之摔個粉碎。他把這個遊戲玩到極限，知道自己擁有狂智的潛力。一次，他在頂樓跳舞，手中握著金剛杵和三叉戟，跳著跳著，他將金剛杵和三叉戟朝樓下丟擲，擊中了正好路過的一對母子，令母子雙亡。這對母子其實是宰相的妻兒，金剛杵擊中孩子的頭，三叉戟則插入母親的心臟。

他眞是太愛嬉鬧了！（這個故事聽起來恐怕不太體面！）

這件事後果可嚴重了，宰相決定對國王施壓，請國王將蓮師放逐到遠方，遠離國土。蓮師所犯的罪行是爲了一種瘋狂的探索，這尙且在報身的層面上，亦即事物的體驗與其微妙性，以及對生死之探索的範疇中。於是國王只好放逐了蓮師。國王當然是懊惱至極，但是現象界的遊戲變化必須合乎律法，因爲現象界是一個很基本的依循律法的架構。現象的遊戲變化中，因和果生生不息，循環不斷。

但這並非代表蓮師受制於業力，相反的，他是在探索因果業力法則——業力與外在迷惑世界的交互影響。正是這個迷惑的世界將他塑造爲導師❶，而不是蓮師曾經對外自稱：「我是導師」或「我是救世主」，他從來沒有這麼宣稱過。然而蓮師卻被這世界塑造爲導師或救世主，而其中一個讓這過程得以開展的表現，就是蓮師做了這麼一件暴力行爲，讓自己被驅逐出因陀羅部底王的王國，不得不落腳於位於南印度菩提迦耶地區的清涼寒林的屍林。

邁上心靈修道之後，這赤子之心和探索心開始成長，這會需要我們去面對各種危險情境，也需要面對形形色色的愉悅享受。這個赤子之心自然而然向外面的世界伸出觸手，頓然瞥見刹那的心的覺醒境界，這並非是最後的結局，反而是旅程的開端——頓悟閃現，我們於是成爲赤子，接著繼續探索如何處理和面對各種現象，如何與現象共舞，同時，又如何與迷惑的人們互動。而與人們互動時，因應迷惑眾生所需的法教，以及與之互動所需的情境，我們自然被帶入某種適宜的狀態之中。

弟子：可否請您針對法身原則和所謂「周遍狀態」的概念，以及報身和化身多做一些說明？

創巴仁波切：應該這麼說，法身原則就是容納萬物之處，其中容納了一切極端邊見，無論所謂的邊見在或不在那兒，都沒有差別。法身就是無垠的廣境，一種能讓萬物自在遨遊其中的周遍狀態。報身原則是和那個周遍狀態息息相關的能量，它更加凸顯了那個周遍狀態。法身的周遍狀態就好比大海，報身的層面則好比大海的浪濤，它凸顯了大海的存在。化身的層面就好比海中船隻，它讓整個情境變成一種可供事物進行的實用狀態，譬如可以行船遠度重洋。

弟子：這和迷惑的關係是什麼呢？

創巴仁波切：迷惑總是相伴而行。當我們有所理解時，那個理解通常內建有「理解的侷限」；只有到達究竟層次，那個理解本身才不需要自己的協助，因此在這之前，迷惑自然是形影不離。

弟子：這如何運用在日常生活中？

創巴仁波切：嗯，日常生活中也是一樣的。當我們與這周遍狀態互動時，也有一個基本空

❶此處的世界指的是現象界的一切來去、生滅。創巴仁波切並非是說，世人用某種刻意和概念的方法，讓蓮師變成了導師，而是指一切現象的發生與各種情勢，逐漸讓蓮師變成了導師。

間讓我們和生活互動，其中當然也包含了能量和實用性。換句話說，我們並沒有被侷限在什麼上面。生活中許多挫敗感的產生，來自於覺得自己無力改變生活和創造什麼，但是法身、報身和化身這三種原則卻提供了即興創造的無限可能性，能讓我們運用的資源根本是無窮無盡。

弟子：蓮師和因札菩提王之間究竟是什麼關係？這段關係和蓮師從自己的根本純眞中發展成長，有何關係？

創巴仁波切：因札菩提王是蓮師的第一個觀眾，第一個輪迴代表者。國王將蓮師帶回皇宮，那是蓮師學習如何與弟子——迷惑眾生——互動的起點。國王扮演了代表著迷惑心的鮮明父親形象。

弟子：被殺掉的母子又代表什麼呢？

創巴仁波切：典籍和各種釋論對蓮師生平的這段情節的解讀眾說紛紜。既然金剛杵代表的是方便，因此被（金剛杵）殺害的孩子，象徵的即是方便（表慈悲）的相反狀態，也就是瞋恨。三叉戟和智慧有關，所以被（三叉戟）殺害的那位母親，象徵的即是愚痴無明。此外，也有以過去生業力爲根據的進一步說明：那個孩子如何又如何，造作了什麼惡業，那位母親也是如此等等。不過我想這裡不需要做更多這類解釋，太複雜了。當蓮師抵達西藏，開始與藏人相處之後，這個階段的故事，處於一種完全不同層次的精神世界中，可以說是進入了實務階段；在這之前，決大多是屬於心的範疇。

弟子：這兩人的死亡和文殊菩薩利劍斬斷無明愚痴之根，或佛陀之講談空、空性之時，導致他的一些學生心臟病發作？其間是否有什麼類比性？

創巴仁波切：我不這麼認爲。文殊之劍所指的決大多是道上的修持，但是蓮師的故事卻和目標有關；一旦體會到證悟的閃現，你怎麼可能讓自己脫離這種狀態呢？文殊菩薩的故事、《心經》的故事，以及其他經教開示的故事，皆歸屬小乘或大乘層面，是爲了修道的尋覓者而設計的。但此處所探討的是一種傘狀概念，亦即從上到下的觀念：得到了悟之後，如何處理接下來的程序？蓮師的故事就是諸佛手冊，而我們自己便是諸佛之一。

弟子：蓮師是在實驗動機嗎？

創巴仁波切：這個嘛，在法身境界中，很難說什麼是動機，什麼又不是動機。因爲其中什麼也沒有。

弟子：我想要了解更多有關「由內向外吞噬」和「從外而內剝露」這兩個迥然不同的比喻。如果我的理解正確，「從外而內剝露」指的是菩薩道，相反的，密續之道卻是「由內向外吞噬」，不過我實在不了解這兩個比喻的眞正意義。

創巴仁波切：重點在於密續具有一種感染力，或向外蔓延的能力。它涉及了一種威力極大之物——佛性，這是由內向外吞噬，而非從外而內剝露。在蓮師的故事中，我們所探討的是以果爲道，而不是以道爲道。這整個是截然不同的觀點，並不是「有情眾生試圖證得佛果」，而是「一個證悟的人試著與有情眾生互動交流」的觀點。所以說密續法門是「由內向外吞噬」。蓮師與他父親因札菩提王之間的困難，以及殺害那對母子而得面對的困境，都與有情眾生有所關連。我們是從內幕消息來講述這個故事，而不是旁觀他人從外界拍攝的新聞影片❷。

弟子：「由內向外吞噬」到底是怎麼發生的呢？

創巴仁波切：透過善巧地處理各種情境而達到。那些情境早就爲你準備好了，你只是出現，將自己投入其中。這其實是一幅已經自己拼湊好的七巧拼圖。

弟子：是法身的面向消散了希望和恐懼嗎？

創巴仁波切：是的，基本上應該是如此。希望和恐懼是遍及一切處的，就好像陰魂不散一樣，不過法身也能全面性消除這種陰魂不散的狀態。

弟子：您的意思是說，在蓮師的故事中，從他誕生蓮花中，乃至後來摧毀弟子們層層又疊疊的期待，最終示現爲憤怒金剛，是從法身逐漸轉移到化身的過程嗎？

創巴仁波切：是的，這就是我一直想要表達的重點。故事發展至此，蓮師已經從法身生脫而出，剛剛到達報身的邊界。報身即是能量原則，或可說是舞動原則，而法身則是那個整體遍及的背景。

❷此處指的並非是蓮師故事的內幕消息，而是以「內幕消息」為比喻，說明果乘和因乘在心靈修持上的差別。

弟子：是不是希望和恐懼必須消散在那個什麼……之前？

創巴仁波切：必須消散在舞動發生之前，是的，的確如此。

弟子：報身能量是不是貪欲和瞋恨所附帶的能量？

創巴仁波切：報身層面應該不是這樣的，而是在揭露或剝露過程後，留下的正向層面；換句話說，譬如空去瞋恨，那個空性轉爲一種能量。

弟子：所以說，當煩惱垢染改變成爲智慧時——

創巴仁波切：確切地說，應該是轉化，甚至超越所謂的轉化，不知道應該用什麼詞彙來說比較好。煩惱垢染與之關係重大，煩惱的作用因此而無有用武之地，但煩惱的無所作用卻變得有用了。報身中蘊含另一種能量。

弟子：這整個情況看起來像是某種無限循環的玩笑，您的意思是說，我們要踏出第一步，但除非踏出第一步，否則我們無法踏出那個第一步？

創巴仁波切：是的，你必須迫使自己進入那種狀態。此處就是師徒關係變得重要的轉捩點。有人必須在那兒推一把，這是修持初期非常基本的階段。

弟子：您正在推我們一把嗎？

創巴仁波切：我想是吧。

金剛總持（Vajradhara）

4

永恆與屍林墳場

首先我想確認一下之前討論過的內容已經很清楚。蓮師的誕生就好比頓然一瞥覺醒境界的體驗；「蓮師的誕生」❶必須在體驗過心的覺醒境界，讓那個體驗對我們展示出我們自己的純眞和赤子心的特質之後，才會發生。而蓮師和鄔金國因札部底王的關係，象徵的是行者在瞥見覺醒境界之後的進一步發展。截至目前爲止，這似乎是蓮師生平故事所要表達的教敕或訊息。

現在繼續探討蓮師的下一個面向。在他體驗過心的覺醒，並且有了魚水之歡、憤世嫉俗、以及世俗各種歡樂享受的經驗之後，心裡尚存如何面對和處理世間種種的不確定。蓮師的不確定並不是一種迷惑感，而是如何教導眾生、如何與眾生交流。弟子們自己很憂懼，因爲他們以往未曾與證悟者相處過；與證悟者相處、交流，是極爲敏銳易感且令人愉快的，但同時也可以極具毀滅性。若是不小心做錯了，很可能會被棒打或就此毀了，就像是玩火自焚一般。

就這樣，蓮師與輪迴之心❷相處、交流的體驗接著發展下去。他被逐出皇宮，繼續有了更多新發現，這個階段他所發現的是「永恆」。此處所謂的永恆，指的是覺醒的體驗相續不斷，無有變動，對此也毋須做出任何取捨抉擇。此時，蓮師和有情眾生相處交流的體驗是遠離取捨的，就第個二面向而言，這點變得非常重要。

蓮師的第個二面向稱爲「金剛總持」（Vajradhara）❸。金剛總持是具備無畏特質的心的境界或原則——對死亡的恐懼、對痛苦和不幸的恐懼，種種恐懼都已經被超越了。超越了這些狀態之後，生命的永恆繼續凌駕於其上，這種永恆並非特別依存於生命的各種情境，也不取決於讓這些生命情節更健康、也不取決於我們長壽與否。這種永恆不依存於這一類現象。

現在探討的這種永恆，也可以被應用在生活中。這種永恆的態度有異於世間相對上對永恆的觀點，而世間相對上的觀點是，如果你證得了某種高人一籌的靈性層次，你就會超越生死；你會萬壽無疆，睥睨世間的現象遊戲，而且能夠掌控一切。這是一種不死超人的概念，一個穿上超人裝到處拯救眾生的上善救世主。這種對於永恆和靈性的普遍觀念其實滿扭曲的，而且很像卡通情節：心靈超人具有超越眾生的力量，因此他可以長生不老，也就是說，他超越別人的力量可以持續不斷，當然同時他也的確在解救眾生。

身爲金剛總持，蓮師對於永恆的體驗，或者說，以永恆狀態而存在的經驗，相較之下極爲

❶請注意此處仁波切是以蓮師的誕生作為修道階段的一種比喻。
❷指的是輪迴眾生。
❸以往譯為金剛持或金剛總持，第十七世大寶法王曾更譯為「持金剛」。

不同。此處的確有種相續不斷的狀態，因爲他已超越生、死、病、痛等等各種恐懼。這是一種活生生、令人震攝的體驗，但並非是他個人長生不死，而是這個世界長青長存，生生不息，因此，蓮師就是世界，世界就是蓮師。他的力量能夠凌駕這個世界，因爲他沒有去掌控這個世界，這階段的他並不想擁有什麼權力超人的身份地位。

金剛總持是梵文「伐札達惹」（Vajradhara），「伐札」的意思是無法摧毀，「達惹」的意思則是持有者，所以伐札達惹就是「無法摧毀之境界持有者」或「不動境界持有者」，這就是蓮師所證得的永恆境界。蓮師之所以證得這樣的境界，因爲他一出生就是全然清淨、完全純眞的赤子，如此清淨且純眞，使得他無所畏懼地探索了生和死、貪與瞋的世界。這無畏的探索是蓮師之生命存在的前行準備，但是他進一步探索，超越了這個準備階段。生死和其他危險威脅等，在輪迴心或迷惑心的眼中，看起來或許是實體世界中的實存現象，但是蓮師並不看待這個世界是一種威脅或危險，他開始視之爲家。以此方式，蓮師證得了永恆的本初境界，相較於多所變動的自我狀態，這眞是南轅北轍，判若雲泥；自我或我執時時刻刻都需要去維護自己，時時刻刻都需要更多的保證，但是，此處蓮師基於迷惑眾生的啓迪，透過對修道唯物主義的超越，證得了一種相續不斷的境界。

青春年少的王子，方才被逐出皇宮，開始漫遊於屍林墳場間；披頭散髮的無主骷髏四散於地，胡狼與禿鷹虎視眈眈地盤旋空中，腐敗的屍臭瀰漫各處，儘管這一切和他是那麼不協調，但年輕優雅的王子似乎很能適應。

蓮師是那麼無所畏懼，在漫遊菩提迦耶附近的清涼寒林時，他的無畏成了穩固的安住之處。那兒有著陰森可怕的樹林，魔鬼般張牙舞爪的岩石，廟宇淒涼的廢墟，空氣中充滿著死亡與荒蕪的氣息。儘管被拋棄，被逐出自己的王國，蓮師卻若無其事地流浪、遊戲其間，好似這些都不曾發生過一般。事實上，屍林看起來雖然如此恐怖，他卻將之視爲他的另一座皇宮。他見證了生命的無常，卻發現了生命的永恆，也就是生與死片刻不停發生的過程。

有一次，鄰近地區發生了飢荒，死亡籠罩著眾人。大家被長久盤據的死亡和疾病搞得筋疲力竭，因此有時人們甚至連半死不活的人都棄置於屍林中，蒼蠅、蟲子、肉蛆和陰冷的蛇隨處可見。蓮師，這位年輕王子，新近才被逐出雕樑畫棟、富麗堂皇的王宮，卻把屍林當成了家；皇宮與屍林，在蓮師眼裡毫無分別，他欣然接受這一切。

在所謂的文明國家中，一切都是那麼井然有序，不會看到這類屍林墳場；我們通常把亡者的大體裝進棺材中，恭敬地埋葬起來。然而，我們卻總是被規模更大的生、死、迷惑混沌的墳場所包圍，在日常生活當中，也時時遭遇著這種屍林墳場的情境，被半死不活、骷髏僵屍般的人們所圍繞。儘管如此，我們若能向蓮師見賢思齊，便能以無畏的態度來面對這一切。儘可能讓這迷惑混沌多多啓迪自己，如此迷惑混沌便自然而然地井井有條起來；由於我們能夠如實地和這世界的本貌互動交流，混沌會成爲一種有條有理的混沌，而不是迷惑惘然的混沌。

蓮師找到最近的一處山洞，開始禪修佛性恆常的法則，也就是說，佛性恆常存在，不爲任何事物左右。了悟這個法則是持明者五個階段之一，這是第一階段，稱爲「永恆持明」（vidyadhara of eternity）❹。

「持明」的意思是「持有科學性之智慧者」，或「證得圓滿狂智者」，而狂智第一階段即是有關「恆常」的智慧。根本沒有什麼能對我們造成威脅，一切都是裝飾、莊嚴。情境越是混亂，一切事物就越能成爲莊嚴。這就是金剛總持的境界。

我們可能會納悶，一位年輕純眞的王子，是如何被訓練成能夠得心應手面對屍林墳場的各種情境。我們可能會提出這樣的問題，因爲一般通常會認定，應變處理的能力來自於訓練，也就是說，我們必得受益於某種教育體系才會有這些能力，必須讀過什麼書方知如何住在墳場裡，必須學習在那兒能吃什麼，不能吃什麼。但蓮師完全不需要這些訓練，因爲他一出生就是證悟者，從法身現出，進入報身狀態，對正覺的瞥見是不需要訓練的，教育系統在這兒是不必要的。這是與生俱來的本性，完全毋須依憑任何訓練。

事實上，「需要訓練」的概念，一整個就是很疲弱的方法，因爲這讓我們覺得自己內在沒有什麼潛力，所以才必須「讓自己變得比現在更好」，必須和英雄或大師一決雌雄似的。因此我們試著仿效那些大師和英雄人物，相信自己經過某種精神上的轉換過程，最終應該就能「變成他們」。儘管我們並不是他們，我們卻深信自己可以藉由模仿和假裝，藉由不斷欺騙自己說那就是我（但那個並不是我），就能變成他們。然而，在眞正瞥見證悟、正覺時，這種矯飾虛僞是不存在的。你並不需要假裝自己是什麼，你本來就是！你內在本來就存在著某種天分，問題只在於把這些付諸實修而已。

儘管如此，光是想像蓮師在山洞中禪修，周遭盡是屍體和猛獸，他的發現對我們來說仍是顯得有些孤寂淒涼和恐怖。不過，我們還是必須在個人的日常情境中這樣的發現。我們不能矇騙自己生命中已發生的經驗，我們不能或不切實際地相信一切都會安然無恙，自欺欺人地以爲

❹這有可能是「壽命自在持明」，藏文：tshe dbang rig 'dzin。但因仁波切並未提到藏文，無從得知是否相呼應。

這樣就能改變自己的體驗，以為最後終將會有美麗的結局。如果這麼做，結局絕對不會是我們所想像的那般美麗；就是因爲我們期待一切好轉，期待一切美好，最後只會事與願違。

心中有這樣的期待時，我們應對的觀點根本就錯了。美麗對抗著醜惡，快樂對抗著痛苦，在這個競爭對抗的世界中，根本不可能達成什麼。

我們可能會說：「我修很久了，我一直在尋找證悟、尋找涅槃，但總是走一步退三步。修行初期，這些修行方法確實助我一臂之力，我覺得自己好美，我感到喜樂異常，我以爲自己還會變得比這更好，甚至超越這些。但是，什麼也沒發生！修持變得單調而令人生厭，然後，我開始尋找其他解決方法、其他狀態；但同時我又想：『我開始不忠於上師教我的修行方法了，我實在不應該再去找其他方法，我不應該去別的地方尋找，我應該要有信心，我應該堅守立場。好吧，就這麼做吧！』我就這麼留下來了，但心裡還是覺得很不舒服且單調無趣。事實上，我覺得非常煩躁不安且痛苦異常。」

這樣的情況周而復始，不斷循環。我們建構一套信念，說服自己相信它。我們喃喃自語：「現在我應該有信心，如果有信心，如果深信不疑，我就會被救贖。」我們試圖以某種方式預先建構信心，試圖從中得到某種助力，但是，一而再、再而三地，結果總是相同——我們一無所獲。透過這種方法做心靈修持，一定會發生這類問題。

在蓮師的心靈修持法門中，我們並不企圖找到什麼助力、啓發源或某種喜樂，相反的，我們挖入生命中的各種惱怒病灶，鑽入這些令人瞋怒煩怨的根源，以之爲家。假使能夠以這些瞋怒煩怨爲家，它們就會成爲大樂的泉源，這就是超越一切的喜樂，因爲其中沒有一絲一毫的痛苦。這種喜樂不再是和痛苦有關，或是相對於痛苦的那種快樂，所以整個狀態變得非常精確、鮮明且豁然開朗，讓我們能夠有所共鳴。

透過這永恆境界，亦即持明五階❺的第一階段，蓮師更進一步去適應這個世間。這個適應世間的過程，在蓮師其他面向的研究中，扮演了非常重要的角色。這個主題接二連三生起，屢見不鮮。

弟子：蓮師將墳場當作自己的家，這難道不是被虐狂嗎？

---

❺一般是說四種持明對照修行五位：資糧、加行、見道、修道、無學；龍欽巴大師則認為，異熟持明屬資糧位與加行位，壽自在持明屬於見道位，大手印持明屬修道位，任運持明屬無學位。

創巴仁波切：首先我們必須搞清楚，這其中絲毫沒有瞋怒或侵略性，蓮師並非企圖勝過任何人，他就是在那兒，如實面對事物本貌。至於被虐狂的話，你需要有個怪罪的對象，某個和你的痛苦有關的人，好比：「我自殺的話，爸媽就會知道我有多麼恨他們！」但此處所說的並非是這種狀態，這是個非存在的世界，然而蓮師還是活在其間，與之共舞。

弟子：我不明白「從蓮花中出生」這種超凡入聖的特質；這就好比耶穌的母親是處女一樣，這不就意味著，蓮師是超越我們凡夫的完美典範，我們應該視之爲「非人」嗎？

創巴仁波切：就某方面來說，從母胎出生和從蓮花出生其實是相同的狀況，並沒有那麼超凡入聖，這只是在形容眞實存在的奇蹟而已，第一次親眼見到婦女分娩的人，也都認爲自己見證了奇蹟。同樣的，從蓮花出生也是一個奇蹟，但這並非就特別神聖或清淨。「從蓮花中出生」象徵的是一種寬廣開闊，因爲不需要經歷幽閉在子宮中九個月的過程。這是一種自由開闊的狀態——蓮花綻放，孩子就在裡邊兒，非常直接了當。至於蓮花的狀態和「耶穌的母親是處女」的合理性，這兩種說法並不需要拿來相提並論。這樣的蓮花只有當時的那一朵，之後蓮花就枯萎了。我們可以說這是一個自由解脫的誕生。

弟子：從蓮花出生也可以象徵否定了業力的經歷。

創巴仁波切：沒錯。其中完全不涉及業力的經歷，就只是在阿富汗地區的某地，剛好有一朵蓮花誕生了一個孩子。

弟子：可否請您說明，蓮師的金剛總持面向和噶舉傳承的法身佛金剛總持之間，究竟是什麼關係？

創巴仁波切：就像你剛剛提到的，噶舉傳承的金剛總持是法身層面的本初佛，這是恆常存在的。但蓮師的金剛總持面向，則是報身層面，與生活體驗交流互動；也可這麼說，這是在法身的次要層面上，和有情眾生的周遍一切處有所關連，要去互動交流的眾生可說是不計其數。但此處的主要重點是報身原則。就此道理來說，報身的五個面向——五個報身佛，可說就是蓮師八相。

弟子：您談到以瞋怒煩怨爲家，更準確來說，盡情地品嚐它；這觀點的出發點是不是因爲痛苦其實和退縮與逃避有關，所以我們索性投入痛苦中，親近它，然後它就會消失？我們是否有機會從中達到證悟？

創巴仁波切：這個觀點其實滿微妙的。我們總是擔憂會產生某種受虐狂的狀態，在對禪宗法門的激進心態中，也常見到人們這麼想；另外也有所謂深入教法、漠視痛苦的「啓發人心」的方式。這些心態都會導致盲目的迷惑，然後我們才發現自己的身體受到濫用，沒有被善待。

但就此處的情況來說，面對痛苦一方面並不是那種受虐狂的狀態，不是某種激進極端的修持，另一方面也不是漠視一切、單單是投入精神上的虛無縹緲，而是兩者之間的中道。首先，我們要知道痛苦是眞實在那兒，一種正在發生的實際體驗，而不要只是把痛苦當成某種教義或哲學觀感。痛苦就是痛苦，或者就是心裡不愉快。不要丟下它不管，如果這麼做，你就會失去可運用的資源；但你也不是自投羅網或自討苦吃，這樣做的話，你只是讓自己陷入自我毀滅的過程，你在折損自己；所以我們必須在二者之間找到平衡點。

弟子：以瞋怒煩怨爲家，這和曼達拉原則有何關係？

創巴仁波切：這其實就是曼達拉本身了。與惱怒煩怨互動交流，意味著有各式各樣惱人的事，而且還會衍生出更多麻煩事。這就是曼達拉，你正身處其中。曼達拉就是一種全然的存在，而你就在這存在的中央。所以你當下就在惱怒煩怨的正中央，這是非常有威力的。

弟子：在界定所謂「持明者」的時候，您談到是「持有科學性的智慧」，科學性的智慧和蓮師的生平有何關係？

創巴仁波切：我用「科學性的智慧」這個詞彙，指的是能針對各種情境做出反應的最精確知識。狂智的精髓在於，你完全沒有策略性計畫或某種完美的典範，你只是敞開自己。無論弟子呈現什麼狀態，你就是因人制宜地做出反應；無論何時這都會是很科學的，因爲它總是能符合各種情境的本質。

5

讓現象舞現

我們花了好些時間在蓮師八相的首二相上，接下來可能無法用相同的步調來深究蓮師八相的其他六相；不過截至目前爲止，我們討論到的內容已爲探討蓮師生平與其發展打下了基礎。我想做的是傳達蓮師生平的整體感，呈現他的所有面向。這很難做到，因爲語言媒介很有限，語言無法涵蓋所有的洞察，但我們就盡力而爲吧。

我們並非是從外在形式的歷史觀點、或外在虛構神話的觀點來探討蓮師，可以這麼說——我們要「深入骨髓」，也就是蓮師的當下剎那或本初的面向，以及他從這個面向與生命互動的方式。相對於看待他只是一個歷史人物或神話人物的說明和解讀，就像是「亞瑟王」一樣，這是從淨觀或密續的觀點來看蓮師的生平。

這種內幕故事建基於蓮師生平中發生的事件與法教之間的關係。我就是從這個觀點來述說蓮師的故事，無論他的身份是年輕王子，或是生活在屍林墳場的年輕悉達❶或有證量的成就者。這兩個面向對於接下來的蓮師生平故事佔有極重的份量。

蓮師的下一個階段進入了必須受戒出家的生活。他必須受戒成爲比丘、僧侶。走入寺院系統非常重要，因爲寺院提供了持戒的環境。蓮師的出家戒由佛陀的弟子兼侍者阿難尊者所授予，並得到梵文法號「釋迦星哈」，譯爲藏文是釋迦僧給，也就是「釋迦獅子」，意思是「釋迦族的雄獅」。佛陀的名號之一也有相同的部分（佛陀有時也被稱爲「釋迦牟尼」，可意譯爲釋迦族的聖人❷）。透過這個法號，蓮師成爲佛陀教法傳統的一份子。這點非常重要，因爲行者需要與傳承建立強烈的連結感。就這樣，蓮師讓自己成爲傳承的一份子，並了解到這部分所扮演的重要角色。

佛陀的傳承是一個恆持根本明智的傳承，一種明智地面對生命的態度。成爲僧侶意味著以明智的態度過生活，明智且高尚地面對生命，因爲這代表如實地面對萬事萬物；身爲僧侶，更不能錯失這些重點。你面對生命的觀點是，這個當下其實醞釀了一種活躍的生機，一種全然，一種不被貪瞋或其他現象所干擾的如如不動，你就是在寺院生活所允許的範圍中，如實地面對一切事物。

蓮師以僧侶的角色繼續成長，他再度以年輕王子的風格而示現，不過這次是一位成爲僧侶的年輕王子。他決定成爲救度世間的角色，爲世間帶來佛法的信息。

❶梵文 siddha，意思是成就者。
❷藏文 Shakya Tubpa。

一天，他前去參訪一座尼院。這座尼院住著一位公主，名為曼達拉娃，新近削髮成尼，完全斷絕世間一切欲樂。她住在一個隱密的僻靜處，由其他五百位女性所守護，她們的職責就是確保公主持守好出家戒。當蓮師出現在尼院時，有著從蓮花出生的純真，以及清淨完美體態的他，自然受到大家的讚嘆。他實在美極了。他為全尼院做皈依，所有的尼眾都變成他的弟子。

曼達拉娃公主的父王馬上就耳聞了這個消息。一位牧牛者向國王報告說，他聽到尼院中傳來不尋常的男性聲音，大聲佈道說法。在國王心目中，曼達拉娃公主是完全清淨的尼師，和男性沒有任何交集，因此牧牛者帶來的消息令他火冒三丈，於是國王派遣大臣到尼院去查清真相。大臣不被准許進入尼院，但是他高度懷疑尼院裡事有蹊蹺，稟報國王之後，國王決定要派兵打破寺門，長驅直入，逮捕這個佯裝上師的無賴。他們眞的這麼做了。俘獲蓮師之後，他們把蓮師丟到檀香木堆上，點火焚燒（這是王國中特有的一種刑罰），公主則被丟入混雜著荊棘、虱子和跳蚤的松脂中——這就是國王概念中所謂的「宗教」！

熊熊的火焰連燒了七天，一般人受火刑時，火焰頂多一兩天就熄滅了，但是焚燒蓮師的火焰卻延綿不停。這可不尋常！國王開始想，或許這個浪跡四方佯裝上師的男子眞有什麼過人之處，於是派人前去調查，此時發現火熄滅了，但火焰燒灼之地卻變成一座巨大的湖泊，湖泊中央坐著蓮師，而且又是坐在蓮花座上。國王聽到這個消息之後，認為應當好好了解一下此人的底細，他決定不把這個任務交給手下，而是親自前往面見蓮師。國王到了當地之後，看到原本是屍林墳場，對這個要犯實施火刑之地，竟然變成了湖泊，湖泊中央的蓮花座上坐著蓮師，他完完全全被震攝住了。國王向蓮師懺悔所犯下的惡行和愚蠢的行動，並邀請蓮師到皇宮。蓮師拒絕了，說他不會前往罪人的皇宮，因為這個罪人——邪惡的國王，逼害那身為國王與上師二者之心靈精髓的人，徹底忽視了心靈修持的眞正意義。但國王不斷懇求，最後蓮師終於接受了邀請，國王甚至親自為蓮師拉車。蓮師後來成了「惹吉咕嚕」（rajguru），也就是國師，而曼達拉娃公主也被人從荊棘松脂中救出。

在生命的這個階段中，蓮師接觸現實世界的方式講究精準正確，但是在這個講究精準正確的範疇中，人們在修道上犯錯時，他也給予空間容許犯錯，甚至寬容到允許國王企圖活活燒死他，還把他的弟子曼達拉娃公主丟入荊棘松脂中。蓮師認為應該讓這些事發生。這是一個重要的轉捩點，清楚顯示了蓮師教學的方式。

為了讓國王自己意識到自身的煩惱——亦即他的整個行徑和思考方式，因此給予一些空間是非常必要的。這個領悟必須自行現前，而不是在蓮師被捕前就示現神通力來達到這個目的

（蓮師的神通力當然是不在話下）。蓮師大可直接說：「我是世間最偉大的導師，你動不了我一根汗毛的。現在就讓你見識一下我的神通力！」但他並沒有這麼做，反而讓自己被捕。

這是蓮師如何與輪迴迷惑之心（眾生）互動的一個重要指標：讓迷惑自行現前，然後讓迷惑修正自己。這有點類似某禪師與女弟子的一個故事。女弟子懷孕生子了，她的雙親抱著嬰兒來找禪師認帳，說：「這是您的孩子，照理應該由您來撫養。」禪師只答了：「喔，是嗎?!」就把孩子接過來撫養。幾年之後，女弟子再也無法忍受自己的謊言，孩子的爹其實並不是禪師，而是另有其人。她終於告訴雙親眞相：「我的上師並不是孩子的爹，是別人啊！」結果雙親開始擔心孩子，反而覺得應該從山中閉關的禪師手中把這個孩子「解救」出來。他們找到了禪師，說：「我們發現這孩子並不是您的，現在我們希望您能讓孩子自由回到世間，我們想把孩子帶回家。因爲您並不是孩子的爹。」禪師只是淡淡地說：「喔，是嗎?!」

就這樣讓現象舞現，讓現象自己愚弄自己。這就是方法。不需要說：「我來跟你說吧，我想從裡到外解釋清楚。」這沒什麼意義。「說出什麼」本身就不恰當了，更別說要找到適當的內容有多困難，這些根本一點也不管用。這個現象世界並非言語或以偏蓋全的瑣碎邏輯可以操控的。現象世界只能就實際發生的事來面對，就它本身的邏輯來運行。這是一種更加宏觀的邏輯，是一種全面性的現象邏輯。所以，蓮師式風格的一個重要特徵就是，讓現象自行展現，而不是試圖改善或解釋什麼。

在下一個情境中，接下來這個面向是：蓮師遇到五百個外道，梵文稱爲tirthikas，也就是非佛教徒或稱異教徒。他遇到的這批異教徒是有神論者——婆羅門教徒，或許也可能是耶和華的信徒，無論稱之爲什麼，總而言之就是佛法無神論的相反。此時發生了一場邏輯辯論，萬頭鑽動的人群圍繞著，兩位班智達面對面，有神論班智達和無神論班智達，針對心靈修持的本質進行辯論。這兩位都追隨心靈修持之道（無論你是有神論或無神論者，都可以說是在追隨一種心靈修持之道），兩位都試圖建立自己的立場，證明自己所進行的心靈修道是有根據的。在這場辯論中，有神論者勝過了佛教徒，佛教徒徹底被邏輯智慧所擊敗；因此蓮師被邀請來修誅法，誅滅這些有神論者和他們的社群。蓮師修了誅法之後，當地發生了山崩土石流，五百位外道班智達都喪生在這場災難中，他們的聚會場所也毀了。

在這個面向中，蓮師的示現被稱爲僧給札卓，意爲「獅子吼」。獅子的吼嘯摧毀二元對立的心理狀態，二元之心就是對事物貼上某種價值和有效性的標籤，因爲其中「還存有其他狀態」，像是大梵天、上帝或其他神祇，你想稱爲什麼都可以。這種二元的方式主張，因爲「那個」有所存在，所以「這個」也是堅固眞實的。或者，爲了要有某個他或她，某個不管是什麼，我們必須接受有所謂更高階的狀態，那個客觀上有所存在的事物。這種方式總是會產生問題，而能夠摧毀這種二元概念架構的唯一方法，就是生起蓮師的狂智。

從狂智的觀點來看，「那個」並不存在，原因是「這個」（也就是自我）不再存在。就某方面而言，此處的摧毀可以說是兩頭的除滅，不過這個摧毀還是無神論者所偏愛的。如果耶和華或大梵天眞的存在，這意味著，爲了承認那個存在，就必須要有一個感知者存在。但是狂智的運作是，認知者並不存在；它已經不在那兒了，或者至少它的存在是値得存疑的。而假使「這個」（我）不存在，無庸置疑的，「那個」也連帶著不存在了。這一切純粹只是幻象、幻覺罷了，甚至即使幻覺要有所「存在」，也必須要有一個「幻想者」的存在。所以說，自我中心概念的摧毀（無我）的連帶結果，就是「那個」的不存在。

這就是蓮師示現「獅子吼」相的方式。獅子的吼嘯被聽到了，因爲獅子不畏懼「那個」，獅子非常願意融入、讓自己淹沒在那一切之中，因爲再也沒有會被摧毀的「這個」有所存在。以這道理來看，我們可以說獅子吼和「金剛慢」的發展培養有關。

下一個面向是多傑卓洛，意思是憤怒金剛，這是蓮師前往西藏的時期。西藏人在這之前從來沒有接觸過外來的宗教或敬神儀式，他們對印度教的諸神一無所知，也沒聽過「大梵天」這名稱，當時藏地廣爲流傳的是「爺先」（yeshen）❸，在苯教①中，這個字的意思是「究竟」或「勝義」。「爺」（ye）指的是「本初」，「先」（shen）指的是「先賢、祖先」或「偉大友人」。佛陀教法來到西藏之後，此時面臨的是全然嶄新的角度，嶄新的途徑。

在此之前，蓮師所面對的一直都是印度教徒、大梵天信仰者，來到藏地之後，他所面對的完全不同於此。

藏文「爺先」有一種「祖先」或「古代」，或甚至「上天」的意思。這個字和日文的「神（shin 譯音）」很類似，也就是「天堂」；抑或中文的「大」（ta 譯音），有一種至高無上的意思。這三個名相都和某種更偉大、高高在上的狀態有關，其中涉及了一種昇華或提升的過程，從這兒我們可以聯想到龍、雷電、雲靄、太陽、月亮、星辰等等。跟這些名相有關的是「上面的」某種東西，某種更高、更偉大的宇宙性。

---

❸藏文拼字為：ye gshen，苯教術語，指的是大神。

①苯教（Pön 或 Bön）是西藏本土的早期佛教。

這對蓮師而言相當棘手，根本不可能透過邏輯來處理這些狀況，因為苯教傳統的智慧非常深奧，非常非常深奧。如果蓮師必須用邏輯來挑戰苯教徒，唯一的方法只有告訴他們：天與地是雙融合一的，天堂這樣的東西並不存在，因為天與地是互為緣起的。但是（對他們而言）這個邏輯不太能成立，因為大家都認為這個世界、天堂、山巒、星辰和日月是存在的，你無法光是說沒有大地、沒有山巒日月、沒有天空星辰，就讓這些人信服。

苯教的根本哲學非常深奧，有點像是美國的印地安人，日本的神道，或者中國道教對於宇宙之明智的看法。這是極為合乎情理的一種說法，但這還是有問題的，問題就出在：這完全是以人類為宇宙中心的說法。這個世界是為了人類而創造，動物是人類的桌上食，牠們的皮是人類的衣裳，這種以人類為宇宙中心的說法，根本上其實欠缺根本明智，這種說法使得人類失去對各種生物的相續根本心識的尊重；而結果就是，苯教徒以動物作為祭禮，貢獻給「爺先」大神。此處我們也會發現，這和美國的印第安人與日本神道徒的觀點非常類似——人類是宇宙的中心。根據這樣的觀點，青草與綠樹、飛禽走獸、日月等等，都是為了人類的享用而存在，整個宇宙系統根本就是建基於人類的生存上。這可是個大問題。

佛教所持有的並非是民族性宗教態度，民族性宗教大部分傾向於有神論。我們要記得，基督教承傳了猶太教的有神論，而無論是猶太教、神道、印度教，以及其他類似的宗教，都是有神論的民族性宗教。他們對於「這個」和「那個」、天與地之間的關係，都有自己的一套道理，極難將無神論的態度引見給原先堅信有神論宗教的國家。對於自己的根本生存狀態，這些國家的人民深信這個地世界倚重上天的存在。他們的敬神心態早已根深蒂固。

近代的耶穌會士和其他天主教的傳教士，發展出一套說法，告訴那些原始信仰者：「對，你的神的確存在，一點兒也沒錯，只是我的上帝比你的神睿智多了，因爲上帝無所不在……全能且全知。」但是佛教所面臨的卻是完全不同的狀況，這裡並沒有你的神或我的上帝的問題，你有你的神，或你的上帝，但是我卻沒有，所以我好像是懸在半空中，到哪兒也不是。我沒有什麼替代物給你，那麼我的方式究竟哪裡偉大有威力呢？我沒有什麼可以替代你的神，唯一可以拿來替代的，就是狂智——因爲心具有極大的威力。我們都有「心」，動物也有。每個人都有心，無論是「祂」或「祂們」，抑或「祂們」和「祂」，或其他，都一樣。

我們的心境是非常有力量的。心幻想自己摧毀什麼就可以摧毀什麼，幻想自己創造什麼就可以創造什麼。無論心境中有什麼意圖，它就會發生。想像你的仇敵，你想要消滅敵人的話，就能構想出各式各樣的計謀來消滅敵人。你有無窮盡的能力想像如何一舉殲滅仇敵。想像你的朋友時，你也有無限的靈感想像如何和朋友打交道，如何讓他們心情愉快，讓他們生活更舒適或更富有。

這就是爲什麼我們修建這些房子和道路，製造床鋪和被褥等等，這就是爲什麼我們提供食物給他人、設計出各種菜餚的食譜；我們所作的這些事，都是爲了對自己證明：自己眞的存在。這是一種人文主義的思考，人類的確存在，人的智慧的確存在，這完全是無神論的思維。

蓮師的神通建立在這樣的無神論層面上。閃電的出現因爲閃電就是會發生，而不是因爲有更進一步的原因，或是因爲其他人、事的涉入，它就是會發生。花朵綻放是因爲花朵就是會綻放，花朵的存在是不容辯駁的。白雪的飄落是不容辯駁的，它就是會發生，雪花從高高的天空中飄然而下，那又如何?!你還想造作什麼呢？

萬事萬物皆在這大地上生發，這極具泥土味之地面。萬事萬物直接了當地發生在最實際的層面上，因此，憤怒金剛的狂智由此不斷展露而出，極其猛烈且大力。這個強大的力量發生在「廚房水槽」的層面上，這就是爲何它如此令人生氣怨恚的原因。事實上，這即是力量的源頭，它如此陰魂不散地無處不在。

憤怒金剛騎著一頭身懷六甲的老虎到了西藏，這隻母老虎充滿電能，是一隻神氣活現的孕虎。牠些微馴服卻又潛藏著狂野的力量。憤怒金剛可不屑邏輯，他唯一知道的邏輯就是如何與天堂和世界共舞，因為，天空自成一氣，地平線就在那兒；天空有天空的寬廣，世界有世界的遼闊。這一切是如此開敞無垠，然而，那又如何？你為何要對所謂的寬廣遼闊大做文章？你在跟誰競賽呢？這個寬廣遼闊就在那兒，沒錯，但你為何沒想到其他最微小事物也在發生呢？這些微小事物不是更具威脅嗎？沙粒比起天空或沙漠的寬廣還險惡多了，沙粒本身的集中性使它極具爆炸性。這是宇宙的大玩笑，非常強大有力的玩笑。

隨著憤怒金剛的狂智愈來愈增上，他發展出與未來世代溝通的方法。他寫下了很多教法，對於這些內容，他想：「這些內容現在或許不是那麼重要，但是我應該寫下來，埋藏在西藏的高山中。」他也這麼做了，想：「後代會有人發掘出這些教法，他們會發現這些內容多麼令人震驚。希望他們好好享用！」這真是個獨特的方法。現代很多上師只考慮眼前所能產生的影響，並沒有試著對未來能產生的影響未雨綢繆。但是憤怒金剛卻琢磨著：「若能讓我的教法流傳下去，即使未來世代的人們無法真正體驗到這些教法的實例，僅是聽聞這些語言文字，那威力強大的精神炸彈在未來也一定會爆發。」這真是前所未聞啊！太威猛了。

蓮師的心靈力量透過憤怒金剛的示現，所傳達的是一種直接的訊息，無有猶疑。它就這樣發生了，沒有可容解讀的餘地，沒有可供取暖、求安慰的角落，只有純粹的心靈宇宙大爆炸。你若是去扭曲它，只會當場被炸得粉身碎骨而已；但若是眞能如實看到它，你就是身入其境與其同在。這非常堅定決絕，但同時又充滿著慈悲，因爲，它蘊含了這一切能量。狂智境界中的金剛慢，是多麼超絕，然而卻又盈滿著慈愛的特質。

你能想像同時被愛與恨撞擊的情況嗎？在狂智中，慈悲和智慧同時衝擊著我們，沒有機會進行任何邏輯分析，沒有時間多想，沒有時間解決什麼。它就在那兒，同時卻又不在那兒！而且同時它還是個天大的玩笑！

弟子：狂智會需要我們先提昇自己的能量嗎？

創巴仁波切：我不認爲是這樣，因爲能量隨著各種情境而來。換句話說，高速公路本身就是能量，而不是你高速駕駛才有了那個能量。高速公路提示你，讓你覺得要高速駕駛，那個自存自生的能量本來就在那兒。

弟子：不需要考慮車子的因素嗎？

創巴仁波切：不需要。

弟子：除了寧瑪派之外，還有其他教派也發展出所謂狂智的教法嗎？

創巴仁波切：我認爲是沒有。其他還有所謂的大手印傳承，這建基於一種精準正確的道理上。但是我從自己上師那兒領受到的狂智傳承，看起來似乎是蘊含更多的潛力。它滿超乎邏輯的，有些人可能不知道如何處理和面對，會覺得手足無措，受到威脅。狂智似乎是寧瑪派和阿底瑜伽獨有的。

弟子：蓮師在憤怒金剛之前階段的名字是什麼？

創巴仁波切：尼瑪歐瑟，也就是「日光持」。

弟子：那是蓮師與曼達拉娃公主在一起的時期嗎？

創巴仁波切：不是。那段時期他的名號是洛滇秋色，也就是「愛慧」。唐卡描繪中，他戴著白色頭巾。

弟子：有沒有任何控制方法或戒律是和狂智有關的？

創巴仁波切：除了它本身之外，沒有其他什麼了。它就是它自己。

弟子：沒有什麼指導方針嗎？

創巴仁波切：沒有什麼教科書能教人如何變成一個狂智者。讀讀書當然無傷大雅，但是，除非親自透過接觸狂智傳承（某個既瘋狂又智慧的人），而親身得到狂智的體驗，否則不可能光靠讀書就得到這樣的體驗。絕大部分其實得依靠來自傳承的訊息，依靠某個已經傳承到體驗的人；若非如此，整個狀況就會變成純粹的神話，但你若看到某人眞的具備狂智的某些特質，這就提供了某種再保證，這時候是値得的。

弟子：除了傳承本身之外，可否請您舉例說明那個心靈的定時炸彈——蓮師爲後人留下的遺贈，讓後人在現代揭露的教法，到底是什麼呢？

創巴仁波切：可以說，現在這個講座就是其中之一了。假使我們對蓮師沒有興趣，就不會來到這兒。他留下他的遺贈（伏藏）、他的風格給後代，這就是我們來到這裡的原因。

弟子：您提到蓮師在教導藏人時遭遇的一些困難，主要因爲藏人的觀點是有神論，而佛教則是無神論。那麼，把佛法傳授給美國人時，又有什麼困難呢？

創巴仁波切：我覺得是一樣的。美國人也崇拜日神、水神和山神等等，至今仍是如此。那是非常原始的方式，而且有些美國人也重新發現了他們的傳統遺產。我們之中有些人去美國印第安保留區旅遊，那兒美極了，但是我們對這遺產所了解的並不一定那麼正確。美國人認爲自己卓爾不群且很有科學精神，而且博學多才。然而，我們其實還是處於類人猿文化的層次。蓮師的狂智途徑對我們的教育是更深入的，我們可以成爲更超越的類人猿。

弟子：能否請您更進一步說明何謂「金剛慢」？

創巴仁波切：金剛慢就是確然存在我們生命狀態中的根本明智，所以我們並不特別需要用邏輯道理去琢磨它。我們不需要證明那個到底有沒有在發生。那個促使我們尋覓某種靈性了悟的根本匱乏感，就是金剛慢的一種展現——我們並不想屈就於迷惑的欺壓，而是亟想破繭而出。這應該就是金剛慢直覺的第一個表現，從這兒開始，我們就啓程入道。

弟子：蓮師有兩個面向看來似乎是完全衝突的，他讓國王的迷惑展現出來對治迷惑自身，但是卻不允許五百位班智達的迷惑展現出來（如果把二元也稱爲迷惑的話），而是藉由山崩將他們全數消滅。可否請您解釋一下？

創巴仁波切：這些班智達似乎是頭腦非常簡單的人，因爲他們沒有連結上廚房水槽層面的生命問題，他們只是不斷增強自己對身份的投射。所以，根據故事情節的描述，與他們互動的唯一方式，就是提供山崩的經驗，一種猛然的衝擊。透過其他方法，他們都可以做出各種不同的解讀。如果把這些班智達放在國王的處境上，他們會比國王更加頑固、更少證悟。由於太過執著自己的教條，他們沒有意願想要和任何人事物進行眞正的交流互動。此外，也得讓他們領悟到，自己和大梵天都不眞實存在，這點是非常必要的。這就是爲何他們得到這麼一個大災難的經驗，以便讓他們知道，這並非是大梵天而是他們自己的傑作。這讓他們完全處於無神論的境地——一切都是咎由自取，不可能再歸咎於上帝、大梵天或其他什麼神祇。

釋迦獅子（Shakya Senge）

6

質疑心與虔敬心

希望大家對蓮師和他的各種相貌已有了初步的認識。根據傳統，蓮師的生平故事可就三方面來說：外在的眞實記事、內在的心理過程、更高祕密層次的狂智途徑。我們主要著墨在祕密層次，並以其他兩項爲點綴。

已經接近講座的尾聲，現在針對我們自己如何與蓮師有所連結來作一些探討，我想應該是很好的。此處我們要把蓮師視爲一種宇宙性法則，而不僅只是一個歷史人物，一個印度聖人而已。蓮師這個原則的種種示現，不斷有所展現，諸如釋迦獅子、瑜伽士日光、蓮花王王子、瘋狂瑜伽士憤怒金剛……等等。蓮師原則蘊含的所有要素都是證悟世界中的一部分。

我的學生們似乎已發展出了解這些教法的某種特定方式。起初，我們抱以質疑的態度：質疑自己、也質疑教法和老師，基本上，就是對整個情況抱持一種懷疑論。我們認爲對一切應該都有所保留，應該徹底檢視和實驗一切，確保它如純金般可靠。透過這樣的方式，我們愈來愈能自我坦誠，知道應當穿透自欺欺人的態度，這是至關緊要的。因爲若無法穿透修道的唯物論，就無法眞正建立所謂的心靈修持。

透過這個質疑的態度打好根本基礎之後，接著便是所謂換檔倒車的時候了，我們要開始嘗試幾乎是相反的方法。在我們培養出如金剛般的質疑心態，以及金剛本性之後，我們就可以開始去了解何謂眞正的心靈修持。我們發現，心靈修持再平常不過了，完全是平常中的平常。雖然我們總是說它有多麼不凡，事實上，再也沒有比它更平凡的了。

要了解這點，我們可能必須改變自己的模式，下一步是去培養虔敬心和信心。除非感受到某種暖熱，否則我們無法和蓮師心心相印。若能坦誠且徹底斷除欺妄之心，那麼正面的境界就會開始蓬勃發展，讓我們對自己、教法和上師都獲得正面的了解。但若想與蓮師的（聖化）加持（adhishthana）共舞，與這個根本明智共舞，就必須培養一種浪漫情懷，這種情懷和我們截至目前爲止在討論的質疑論，兩者的重要性是不分軒輊。

這種浪漫情懷，或說「虔敬心」的途徑，有兩種。一是建基於自己的匱乏感之上，也就是說，你覺得自己沒有，而他人卻擁有這些功德，你景仰孺慕「那個」的豐盛功德，「那個」指的可能是某個目標、上師或教法。這是透過匱乏感的途徑——你覺得其他的人事物絕美超凡，因爲你自己並不俱足這些功德特質。這條就是唯物論的途徑，心靈修持的唯物論，而這正是因爲覺得自己一開始就是明智不足、信心不足、功德不足。

走上浪漫情懷途徑的另一種狀態，建基於自給自足的完滿，一切一應俱全。你並非在景仰那個離自身奇遠、與自身不同的他人的功德，而是因爲這些功德近在咫尺，就在你自己心中。

這是一種對自己的欣賞和領會，你所擁有的一切和上師等量齊觀，你也獨立自主地行於佛法之道，所以不再需要眼巴巴望向外在的佛法。這是一條清明的道徑，它原來就豐盛圓滿，毫無匱乏之感摻雜其中。

這種浪漫情懷（虔敬心）是非常重要的，再沒有比它更具威力的了。它能斬斷質疑心，質疑心的存在完全是爲了質疑心自身的價值，是爲了保護它自己。虔敬心能斷除質疑心的自我中心遊戲，培養出更深入更強大的慢心——也就是所謂的「金剛慢」。其中蘊含了一種美，甚至含有愛和光明。如果沒有這個金剛慢，試圖與蓮師原則建立關係，只會讓你看到自己心理層次上「可以多深刻、多殊勝」，但這永遠只會是一個神話，只會是你無法擁有的東西，因此，無論這聽起來多麼有意思，它永遠都不會內化成爲你自己。唯一能夠讓我們和蓮師的加持建立連結的方式，就是透過這種虔敬心和慈悲心。

許多人似乎覺得，截至目前爲止，我們培養出來的這個質疑心態，實在是冷酷得無以復加，特別是初次接觸這個講座的學員都這麼說。這感覺根本是拒人於千里之外嘛，總有一種時時在檢視且鄙視他人的感受。或許，這正是讓你坦誠地和「那個其他人事物」互動的方式，當然「那個其他」其實也是你自己。不過，在某個點上，我們會需要在冷酷之外，開始慢慢加溫，但你並不需要去改變溫度，因爲極冷本身就是暖熱。只是，我們可以做的是一種扭轉或轉化，這種扭轉僅在於概念心或邏輯的層次上；實相中完全沒有所謂的扭轉或轉化，但我們還是需要訴諸語言文字的方法。我們在探討的那個東西，暖熱得無以復加，威力十足且令人目眩神迷。

此處對蓮師的探討，在大家這趟心靈之旅的地形上，似乎可說是個重要的里程碑。現在就是開始進入浪漫虔敬心的時候了，或許我們也可以這麼稱呼它：智慧的浪漫情懷，而不是唯物論的浪漫情懷。

這次講座的舉辦純粹是預料之外，雖說事前的確也涉及很多組織、計畫等準備工作。總之還是意外地成辦了，這個美好的驚喜讓我們得以齊聚一堂，討論蓮師的生平故事。探討這種主題的機會實在太稀有、太獨特、太珍貴了！不過這樣稀有寶貴的情境其實一直都在發生，因爲我們的生命本身就是法教的一部分，彌足珍貴。每位出席者與生命的交集都是一場偶遇，既然是偶遇，就不可能被重複，所以它是如此難得，所以佛法是如此難得，這一切的一切都因此而變得如此獨有珍稀，人的生命都因此變得如此獨有珍稀。

人的生命有著稀有珍貴的品質，我們每個人都有大腦、感官知覺，每個人都有自己應該經歷、該學習的一份功課。我們過去各自有各自的困難，無論是憂鬱愁苦或愚蠢無明的時刻，無論經歷什麼掙扎奮鬥，這些全都獨具意義，功不唐捐。如此，這趟旅程繼續前進著，這個偶遇也繼續推進，於是我們來到了這裡——我所說的就是這樣的浪漫主義，這樣的暖熱。以此方式來親近法教是非常值得的，如果不這麼做，我們就無法和蓮師原則眞正有所連結。

弟子：可否請您說說，自己如何和上師雪謙之蔣貢康楚仁波切的狂智互動？他是否擁有狂智？而您拜學師下時，又如何將豐盛圓滿和匱乏感這二種途徑做一整合呢？

創巴仁波切：我想我學習的方式和其他人並無不同。起初我個人也很迷戀且崇尚那建基於匱乏感的觀點，同時也感到非常興奮，因爲可以和蔣貢康楚仁波切相處，而不是只能一直呆坐著背書——眞的是令人興奮。近距離看著仁波切的舉手投足、和他相處的時光，對我來說一直是很珍貴的。

但是，光是仰慕自己缺乏的特質，仍舊是一種匱乏的心態。有書可讀、有教師督導我，這就是我所擁有的一切了。除此之外，蔣貢康楚仁波切的博學多才和證量，當然是我見賢思齊的對象，覺得長大成人後就應該要像他一樣，而且其他人也不斷灌輸我這樣的想法，但這樣的心態其實是建立在唯物論的匱乏感上。當然，寺院裡的人都很關愛我，但他們同時也很注重公共關係：所謂的名譽、榮譽、證悟等等。

隨著和蔣貢康楚仁波切的關係愈來愈親密，我也逐漸不再依靠收集、積聚來使自己感覺更富饒，我開始單純地享受上師的臨在，專心和他相處。於是，我眞的開始能夠切身感受到他的暖熱和豐饒，自己也成爲其中的一部分。所以說，我們似乎得先從唯物論的途徑開始，逐步再轉向到智慧的途徑、虔敬心的途徑上。

蔣貢康楚仁波切，他俱足了蓮師的一切功德特質。有時他看起來簡直就是一個大孩子，這就是小王子的面向；有時他很仁慈體貼；有時卻讓空氣沈重凝結，給你一種什麼事出了差錯的感覺，讓你心慌意亂、患得患失。我那時常感覺自己的存在很突兀，羞於見人，也不知如何處理這樣的感受。

弟子：那麼，我們❶經歷過的那個質疑階段，是不是因爲我們是美國人？這和美國文化有

❶此處的「我們」，指的是創巴仁波切的這些弟子。

沒有關係？或者因爲這其實是獨立於文化之外的教法？

創巴仁波切：我想兩者皆有關。美國文化當然有影響，特別是在這段社會變動的時期，「心靈超市」蓬勃發展著。所以我們必須學著聰明點，別給心靈超市的購物心態打敗了，不要被吸入而身陷其中。

另一方面來說，質疑論的途徑也充盈著佛法的滋味，你應該想得到，當初那瀾陀大學中一定有這樣的學風。那洛巴大師和其他班智達都在以他們異於常人的邏輯思考破除一切。多麼棒啊！質疑論的途徑和佛法觀點以痛苦爲開示起點，二者其實非常相應，也就是四聖諦的第一聖諦「苦諦」。這種看待事物的觀點非常實際，因爲頭腦簡單地粉飾太平是不足夠的，我們需要一些重量級的刺激，一些質疑或反思。這麼一來，當你眞正開始摸索修道，開始摸索四聖諦時，便會覺得某種正面的效果浮現了——那全心投入的虔敬此時開始湧現。

所以，這其實是文化和根本元素相混而呈現的狀態，但理應如此開啓修道，實際上也是如此開啓的。

弟子：您用到「預料之外」、「意外」這樣的字眼，在您看來，這其中是否含括了自由意志？

創巴仁波切：嗯，二者兼之。也就是說，自由意志是那個預料之外或意外的成因，沒有自由意志，就不會有那些所謂意外。

弟子：對於蓮師與迷惑眾生互動的方式，我們已經討論了很多。您覺得我們面對自己時，是否適合採用蓮師的觀點？譬如，我們是否應該讓煩惱或這類狀態自由展現？

創巴仁波切：是的，我想重點在此。每個人心中都有個蓮師。我們都有某種不能接受和想要斷除既有迷惑的習性，我們內心有某個東西、某種革命情懷，吶喊著不想被迷惑所制約。

弟子：我們現在學習的重點，是不是應該避免落入質疑心？

創巴仁波切：我想，應該仍舊保持著質疑心，但要讓它變成一種威力強大的質疑。這不是電視頻道，不能說開就開，說關就關。這必須持續下去，也應該這麼保持著。舉例來說，進入新階段或更深入的教法學習時，你同樣也應當像之前一般，充分檢驗一下。這麼一來，你就會有更多的了解，之後對這教法的信心就會更加穩固。

弟子：蓮師的教法是否適合現代呢？難道教法不需要隨著歷史演進和文化改革而有所調整？

創巴仁波切：這些教法完全適合現代，因爲它是建立在和迷惑的互動交流上。我們的迷惑總是走在時代尖端，否則它就不會迷惑我們了！而對迷惑的了悟也是隨時更新的，因爲迷惑讓我們發出疑問，促使我們覺醒。對迷惑的了悟就是教法，所以這是一種隨時隨地都在呼吸的狀態，時時刻刻都活生生的、可以活用的狀態。

弟子：稍早您提到蓮師曾處在一種無所抉擇的情況中，這不就等同於沒在思考？您知道的，好像心沒在運作一樣。

創巴仁波切：運作的心就是思考的心，但是你可以在無所思考之中進行思考。有一種屬於那周遍狀態的智慧更爲精確清晰，卻無法以言語表述，也完全遠離了概念。的確，某方面而言，它也做思考，但卻非一般凡俗的層面上的意義。

弟子：這種智慧進行思考時，是不是遠離了籌謀、計畫？

創巴仁波切：比這更深奧些。它的思維確實是遠離了籌謀、計畫，但其中奧妙一言難盡。這是一種自生、自現起的智慧。

弟子：仁波切，關於虔敬心，當我體驗到佛法活生生的品質時，那讓我感到法喜充滿，這種歡喜是如此雀躍高昂，讓我覺得幾乎像是迷醉了一般。但是接著我可能會陷入低潮之中，像是到了一片荒蕪光禿的土地上。我開始想，是不是避免落入這兩種極端比較好，因爲高起帶來低伏，反之亦然。

創巴仁波切：你看看，走匱乏感的途徑就像是乞食一般。別人給你食物，你高高興興地吃下去，享受它，但吃完之後你得再度乞食。在下次乞食之前，你就會經歷一段不愉快。情況就像這樣。我們還是把佛法當成「他物」，而不是覺得自己具備了這些。一旦領悟到佛法就是你、你也已經在佛法之中，那時其實不會覺得特別欣喜若狂。根本不會有所謂法喜充遍或特別興奮高昂之類的感受；那時如果眞感到高昂，你的高昂也不會中斷，也就是說，不會有某種參照點可以比較前後。如果你不迷醉，那麼你的平凡眞是特別不凡。

弟子：您所說的「意外論」不是與業力法則相互矛盾嗎？業力法則說，萬事萬物都是有因有果的，不是嗎？

創巴仁波切：那些意外就是業力。業報的成熟就是藉由意外的狀態呈現出來。這就像是打火石遇上打火鐮就產生火花一般。萬事萬物都不期而遇，任何事件都是瞬息之間發生的，但它是業力的結果。業力的觀念原型就是十二緣起（或稱十二因緣）的漸進發展過程，我們將之比喻爲製陶者的轆轤❷，起點則是從無明開始，而那個起始於無明的漸進發展過程，即是一種意外。

弟子：無明本身也是一種意外嗎？

創巴仁波切：無明本身即是那個意外，二元本身也是那個意外，它是個大誤會。

❷轆轤即是陶藝家用來塑陶的轉盤。

狂智　講座二

❖ 地點：噶瑪丘林

❖ 時間：西元 1972 年

貝瑪炯內（Pema Jungne）

7
蓮師與密續之能量

在這個講座中，我們要探討的是藏傳佛教的大聖人——蓮花生大師。蓮師原本是偉大的印度瑜伽士與持明者（梵：vidyadhara），他將佛陀完整的教法傳到了西藏，其中也包括金剛乘——密續教法。至於確切的時間和歷史細節，我並不太清楚。據說蓮師是在佛陀涅槃後十二年誕生，但他壽命非常長，西元八世紀時前往西藏弘揚佛法。此處提到的歷史年表的計算，完全不是朝學術研究的方向來說，所以在場的各位如果很在意確切的日期，和其他史實與人物之類的細節，我恐怕無法提供你們精確的資訊。然而，無論蓮師是老是少，他所帶來的啓示亙古流傳。

我們這裡要探討的，並非是歷史年代記錄的蓮師生平和事蹟，而是蓮師之存在的根本特質，因爲這和藏地金剛乘教法的崛起有關，你想稱之爲「蓮師主義」（Padmasambhava-ism）的根本意義，其實也可以。或也可稱之爲「蓮師法則」。蓮師法則啓發了數百萬藏人的心，也已經在（心靈）這方面啓發了世界各地的人心。

蓮師在藏地的職責是，透過與這些西藏蠻民的互動，讓佛陀的教法在藏地大鳴大放。當時藏人相信有自我的存在，也相信自我之外尚有一個更高的權威人物——神，而蓮師的職責就是徹底摧毀這樣的信念。他的方法是：如果不相信有我，就不會相信有神——我不想這麼說，但這恐怕就是最直接了當的無神論態度了。他必須摧毀我們建構出來的實際上不存在的沙堡，所以說，蓮師的重要性和這些虛妄信念的摧毀息息相關。他進入藏地，意味著行之有年的虛妄有神論架構的崩解。蓮師來到了藏地，向當地人引見了佛法，在引見的過程中，他發現不僅需要摧毀人們的原始信仰，同時也必須提升當地人的心靈。因此，我們在此介紹蓮師原則時，也必須面對相同的根本問題：應毀毀之，應長長之。

一開始，我們必須摧毀某些謬誤的觀念，好比關於神聖、靈性、良善、天堂、上帝神祇等等。造成這些謬誤的因素，就是相信有「我」存在的信念，這種信念製造了「我在修練善心」的狀態；所以我們認爲善心和我是分開存在的，或者這也暗示著我和善心之間的某種關係：善心依存於我，我依存於善心。由此推知，根本上（由於二者其實無法獨立存在），完全沒有什麼可以建構於其上，我們也只是透過「我」的途徑，得到了一個依靠「他」的因素，來證明「結論確實如此」的一種結論。從這觀點來看，我們建造的其實是一座不可靠的沙堡，也可說是在薄冰上修築城堡。

以佛法的觀點來說，自我是不眞實存在的，也就是說，自我不是由任何眞實確切的元素所組成，而純粹是「我思故我在」：我稱自己是什麼或什麼，所以我就存在的一種信念或假定。

如果我不知道我被稱爲什麼，不知道我的名字，那就沒有某種架構作爲整個自我的基礎。這個原始信念如何發生作用呢——相信「那個」或有「他」，於是「這個」或「自我」就隨之而來。因爲如果「那個」存在，「這個」勢必也存在；我相信「那個」，因爲我需要爲「這個我自己」的存在找到一個參照點。

蓮師引薦到藏地的密續或金剛乘法門說到，與「有所存在的他」相關的「我的存在」，建構於某種能量上，這起源於某種理解，但同樣也有著某種誤解。

當我們問自己：「你是誰？你是什麼？」然後自答：「我是某某」，這種斷言或肯定，建構在將某種東西置入一個空的問題中——問題就好像一個容器，然後我們置入某種東西，使它成爲某種適當且有效的容器。在「問題的誕生過程」和「答案的產生過程」二者之間，有著某種能量，也就是說，某種能量過程也同時在產生。出現在問題和答案之間的那個能量，要不是和絕對的眞相有關，要不就是和絕對的虛妄有關。奇怪的是，絕對的眞相和絕對的虛妄並不相互衝突，二者就某方面來說其實是毫無二致的，同時都有其道理。眞相是虛妄的，虛妄也是眞實的。而那樣持續不斷的能量，就是所謂的密續，因爲所謂眞相或虛妄的邏輯問題在此處並不重要，而與此有關的心的狀態，就稱爲「狂智」。

我想說的是，我們的心總是把事物視爲「是」或「非」，完全地攀執其上；所謂「是」可說是「存在」，而所謂「非」可說是「證明那個存在是假的」。我們的心的架構就在這兩種心態之間來回擺盪。所謂的「是」，其實正是建立在與對立面相同道理的基準點上。

心的基本架構涉及某種持續不斷發生的基準點或參照點，這意味著某種能量時時刻刻都在發生。在對蓮師原則的理解上，這代表著我們不需要否定自己的生命經驗，不需要否定自己的物質主義抑或修道唯物主義的經驗。我們既不需要否定它們，認爲這些很糟糕，也毋須因此就肯定它們是良善的。我們可以就其本貌如實去理解人事物的同時現起（俱生）狀態①。

這麼說是有道理的，因爲我們其實一直都在那個立場或戰場上搏鬥。爲了戰場的佔領權，爲了弄清楚它究竟歸屬攻擊者、防禦者或其他人，我們背水一戰。但是在這一切事件當中，從來沒人眞正去探討戰場本身是否實際存在；這裡要說的是，那個立場或戰場的確存在，我們對它「究竟歸屬自己或他人」所作出的否定和肯定，並沒有造成任何不同，我們無論如何始終都

①此處的「同時現起」simultaneous birth，指的是密續中「俱生」的見地，或是「俱生智」（藏拼音：lhenchik kyepe yeshe）。輪迴與涅槃俱時生起，自然而然地生起智慧。

站在肯定或否定的立場之上。我們所處的立場既是生處，同時也是死地。就蓮師原則相關的內容而言，這提供了一種堅實感。

我們在討論的是某種讓蓮師原則將教法傳授出來的能量。蓮師原則既不歸屬邪惡、也不歸屬良善那一方；既不屬於「是」，也不屬於「非」。這是適合生命一切情境的法則。由於那份能量就存在人們的生命情境之中，蓮師原則才能夠將佛法傳到西藏。就某種程度來說，藏地原有的有神論信仰──相信有我，相信有一個有別於我的神，以及努力想要達到更高界域的概念，的確應該被摧毀。這些原始信仰必須滅亡，就像我們現在正在進行的一樣。這些相信有「我和我信奉的對象」兩個分離實相的信念，必須被摧毀；除非這些二元概念被打破，否則不會有密續誕生的起點。密續的誕生就發生在我們對「這個」和「那個」的信念消亡之時。

然而，蓮師到達藏地時，當時的藏人非常頑強。他們不相信哲學，也不相信班智達們巧舌如簧的高談闊論，他們並不覺得班智達的能言善辯代表什麼權威。西藏的苯教傳統非常固實、明確且合乎情理，藏人並不相信蓮師所說的哲學論點，諸如自我的無常短暫等（無我）。這種道理他們是不可能懂的，他們只會把這種邏輯分析當成純粹是一堆猜謎遊戲罷了──佛法謎語。

當時藏人相信的是：生命存在，自我也存在；我的日常活動，好比畜牧、耕種等等，也都存在；而和這些事物有關的實際活動，就是我的神聖禮拜，就是我的修行儀軌。苯教的觀點是，這些人事物都眞實存在，因爲我就是得養孩子、擠牛奶、耕田、做奶油和起司，我相信這些簡單的眞理。我們苯教傳統是有道理的，因爲我們所信仰的是餵養生命、從土地中滋長出餵養子女的食物，這非常神聖，這些單純的人事物都存在。從苯教傳統的觀點來看，這就是宗教，這就是眞理。

這種純粹，非常類似美國印第安傳統的觀點。殺掉一頭水牛是一個創造性的行動，因爲這能餵養飢者，同時也控制水牛的成長速度，維持數量的平衡。他們以類似生態學的方式做思考。

這種生態學的思考很多，隨處可見，這的確非常有道理且實際。事實上，對於此國是否足夠成熟到接受蓮師的智慧，我們可能會覺得有點遲疑，因爲有些人相信那些生態哲學，有些則不；有些人是這類生態哲學的死忠擁護者，有些人則對這類知識一無所知。基於此理由，如何接近這個文化成了一件令人難以決斷的事。不過整體而言，在不斷發生的各種人事物中，還是可以看出某種前後脈絡；這個文化中有一個根本的普遍思考：認爲萬事萬物都是爲了我們的利益而存在。

舉例來說，我們認爲這個身體異常重要，因爲，身體維持了心的存在。心能餵養身體，身體也餵養著心。我們覺得，爲了自身的利益，以健康的方式保持這種運作是非常重要的，而我們得到的結論就是，達成這個維護健康的計畫最簡便的方式，就是從較不複雜的層面開始：餵養身體，然後再一邊看看心會有什麼進展。肚子塡飽之後，我們就會感覺比較心曠神怡，這才有多餘的心力想要浸淫一下深奧的心理學或其他哲學。

這也是苯教的思考：先殺頭犛牛吧，這才能讓我們提升心靈。身體好起來了，心就會契入更高層次。美國印地安人會說：先殺頭水牛吧。其餘邏輯相同。這非常合情合理，一點都不荒唐。它非常合乎道理，非常實在，非常理智適當且富有邏輯。這其中有某種需要尊重的模式，如果以一種値得尊重的方式去實踐這個模式，這個模式就會維持下去，最後達到你想要的結果。

在這個國家（美國），我們也有這樣的思考。很多美國人熱衷於美國紅人祭儀崇拜文化，卻不太在意美國白人文化。談到美國紅人文化，也就是美國印第安文化，你有自己的土地，搭建你的圓錐形帳棚，你養育子女、含飴弄孫、傳宗接代，你有你的尊嚴和性格。你威武不能屈，培養出勇士的特質。然後你開始思考如何教育子女，如何教導他們尊重自己的國家。你諄諄教誨子女，成爲一個實在的好公民。

這種哲學思考並非只能在美國紅人祭儀文化中找到，在克爾特人，也就是北歐基督徒的前身、希臘、以及羅馬的文化中也看得到。任何國家中，只要在基督教或佛教出現前存在其他原始宗教，都可以找到這類哲學思想，這是以生態繁衍爲主的宗教，諸如猶太人、克爾特人、美國印地安人的宗教等等都是。這種崇敬生態繁殖之力、與大地水乳交融的思想活絡至今，威力巨大且玄妙美極。我全心欣賞，也覺得自己可以變成這類哲學觀點的追隨者，事實上，我其實就是。我是個苯教徒，我相信苯教，因爲我是西藏人。

這種思想純粹只關注生命的繁衍，純粹以肉身爲導向，相信肉身能夠餵養出更高層次的覺悟心靈，而我，就是因爲對它的信仰如此之強烈，以致於開始思考在這個架構之外，還可能有什麼。這讓我對整件事產生了莫大的疑問。不過有疑問並不一定代表需要放棄原有的信仰，如果你是美國紅人祭儀文化崇拜者，不需要變成美國白人才能有疑問。此處提出的疑問就是：你的哲學思想如何連結上生命靈性層面的實相？我們所說的「肉身」到底是什麼意思？我們所說的「心」又是什麼意思？肉身是什麼？心是什麼？構成肉身的是那個需要被餵養的東西，心則是那個需要檢視身體是否被餵養妥當的東西。所以，「需要被餵養」是心理結構之蘊聚的另一部分。

問題並不出在必須被妥善餵養，也不出在必須適當維持健康；問題在於相信有一個「我」和一個分開的「那個」（他）。我和我的食物是分開的，我的食物不是我，因此，我得吃下那份不是「我」的食物，讓食物變成我的一部分。

西藏苯教傳統有一種神秘的法門，用以克服這種對立分離，這是根據「無二論」的法則。但即使是透過這種法門，也要等到你變成大地或世界的造物主，才能夠解決問題。苯教的某些儀軌反應出極原始層次的信仰，用以克服分離感，主要的觀念是必須創造出某種用來禮拜崇敬的物品，然後吃下這個禮拜物——咀嚼然後吞下，經過消化之後，我們便應相信自己與神無二無別了。這和基督教傳統的聖餐禮非常類似。一開始，你和上帝（聖父）或聖子、聖靈之間，有著分離的鴻溝，你和祂們是分離的實體，在接觸到耶穌基督（聖子）的血肉之前，你無法和祂們合而爲一；代表基督血肉的是有聖靈進入的某種物品（聖餐），吃下代表基督之肉的麵包，喝下代表基督之血的紅葡萄酒之後，你才能和聖父、聖子、聖靈合而爲一，在這麼做之前，你無法天人合一，由此起見，這仍舊是基於實相二分之上的行爲。儀式中的吃和喝，消弭了二元的分離，然而根本上這個二分還是存在，當你拉屎撒尿時，終究你又回到二元的分離狀態了。這是個大問題。

天人合一的境界不該是建基在肉身的行爲上，這裡所說的是指儀式本身。眞要與究竟實相合而爲一，我必須放棄與實相合一的希望。換句話說，關於「這個」或「那個」是否存在，我不再懷抱希求；這件事我沒輒，我不再懷抱希求；我不管「那個」存在或「這個」存在，我不再懷抱希求。這樣的絕望、無望就是那了悟的過程的開端。

今天我們從丹佛飛到波士頓的飛航途中，看到了一幅美麗的景象，你想稱之爲「異象」也可以。從飛機窗外望去，雲海之上浮現了一圈霞光，彩虹一路隨著我們飛行。從遠處往這圓形的彩虹中間望下去，似乎有一個花生米大小的影子。隨著飛機高度下降，愈來愈接近雲海時，我們才發現那個彩虹圈圈圍繞著花生米大小的影子，竟然就是我們的座機的影子！太美了！實際上，奇妙壯觀至極啊！飛機下降愈來愈靠近雲海時，那個影子也愈來愈大，我們開始看到飛機的完整形狀，機尾、機頭、機翼等，然後，開始準備降落地面時，彩虹圈圈消失無蹤，影子也化爲烏有。異象就這麼圓滿結束了。

這讓我想到，月色朦朧時，有時會看到月亮周圍有一圈彩虹；某個瞬間，你會發現並不是你望著月亮，而是月亮凝視著你。我們從飛機上看到雲朵上的反影，其實是我們自己的影子。多麼令人驚奇！到底是誰在看著誰？誰在愚弄誰呢？

此處所說的趨近狂智的方法，就是放下希望！根本沒有希望要了解什麼，沒有希望要找出誰做了什麼，什麼幹了什麼，或者事情究竟如何運作。就這麼放下想要把事情拼湊起來的野心，徹頭徹尾地放下，將之拋諸腦後，善罷干休。只有放下這個捧在手掌心的希望，否則我們出脫無期。

這就好像試圖弄懂誰在控制身體或心、誰最接近上帝一樣——佛教徒的說法則是誰最接近眞理。佛教徒會說佛陀掌握了眞理，因爲他不信上帝，他發現眞理之中沒有所謂上帝；但是基督徒或其他有神論者卻會說，「眞理」的存在有賴於「眞理創造者」的存在。不過現在繼續爲這兩極理論爭得臉紅脖子粗並沒什麼意義；這就是個完全無所寄望的情況，這是絕對的無望。因爲我們根本不明白，也不可能明白什麼。試圖找到什麼去了解它、試圖找到什麼新發現，根本是無濟於事，因爲最終並不會找到什麼，除非我們自己把它製造出來。然而，我們若是眞的編造出一個什麼新發現，之後也不會感到特別高興；雖然可以繼續編造下去，但我們心知肚明，這只不過是在欺騙自己罷了。我們心裡很清楚：「我」和「那個」之間有著某種祕密遊戲。

因此，蓮師狂智的入門過程就是：放棄希望，徹頭徹尾地放棄希望。沒有人會來安撫你，沒有人會來幫助你。試著去尋找那發現狂智的根源或某種邏輯，會是全然無望的。因爲完全沒有立基處，所以無所寄望，而這裡面也沒有恐懼，但針對這點我們最好不要再多說什麼。

弟子：這裡談到的「無所寄望」，和之前談到空性時所提到的「無有希望」，是相同的嗎？

創巴仁波切：我不會把這個和空性混爲一談，這裡提到的無所寄望不會保證什麼，甚至無法和空性所保證的相比擬。

弟子：我不懂爲何這裡沒有恐懼，因爲看起來很可能令人覺得驚惶不安。

創巴仁波切：既然沒有希望，怎麼會有恐懼？根本沒有什麼可以引頸企盼的，所以你根本一無所失。

弟子：如果一無所失，也一無所得，爲什麼還要學習呢？翹起二郎腿，輕鬆喝啤酒不就好了嗎？

創巴仁波切：嗯，「翹起二郎腿輕鬆喝啤酒」本身就是一種希望和恐懼的行動了。如果你只是處在悠哉悠哉的情境，輕鬆喝啤酒，對自己說：「現在一切都不錯，沒什麼可失去，也沒什麼可得到。」這樣的心態本身，就是懷抱希望和恐懼的行動了。〔它會試圖給自己找台階下〕，但此時你其實是沒有退路的。

了解嗎？希望和恐懼並非解脫，而是更深的禁錮。你已經讓自己陷入所謂的心靈修持了，你製造出自己的心靈幻妄之旅，然後把自己往裡頭送。這是另一種看待的角度。

弟子：所以，應該比較像是接納？

創巴仁波切：不是。我不會用「接納」那麼哲學性的字眼來形容它。比較像是絕望而不是接納。

弟子：放棄？

創巴仁波切：放棄就是一種絕望。在放棄之中，你已被迫放棄希望，並不是你自己要求放棄希望。

弟子：既然完全沒有退路，那麼方法似乎是去您提到的「是」與「非」的戰場上玩一玩。

創巴仁波切：我也不會說，這就是方法，因爲那會讓你有某種希望。

弟子：但也沒有其他戰場可玩了啊？

創巴仁波切：嗯，那就無所寄望啦，沒錯。

弟子：但您剛剛似乎才說，甚至連空性都保證了什麼。

創巴仁波切：那得看你怎麼去理解。〔如果把空性理解爲某種答案，那可能會產生某種希望。〕親愛的女士、先生們，直到了悟「無所寄望」的眞正含意之前，我們根本沒有機會了解何謂狂智。

弟子：所以就是必須放棄希望？

創巴仁波切：放棄希望和恐懼。

弟子：看起來似乎也不能翹起二郎腿，什麼也不做呀。某種不滿足感會生起，自然而然地，就會撩起希望，我們就期盼這個不滿足會消失。所以希望的發生似乎是理所當然的。

創巴仁波切：那眞是遺憾了。總之不可能從中得到什麼的。眞是太遺憾了。

弟子：是的，但希望總是出現在每個情境中，根本不可避免。

創巴仁波切：不必因爲希望找到正確的方式，而試圖避開希望。但眞是太遺憾了，這個「無所寄望」其實非常簡單。其實整件事都是無望的，當我們試圖搞清楚誰先來，什麼後到，那時是走入死胡同的，絕望啊！

弟子：是，但是各種歷史、佛教、傳統等等，都在給我們希望。

創巴仁波切：嗯，這些都是建基在「無望」之上，這也是爲何他們要給我們某種「希望」的原因。當你徹頭徹尾地放棄希望時，那兒就眞正有了希望，但是依靠邏輯是無望達成這種狀態的，絕對是無望的！我們不可能得到某種指導方針或地圖去達到它。就算有地圖，也會一直告訴我們：「那兒沒希望的，那兒沒希望的，那兒沒希望的，那兒沒希望的。」無所寄望，這就是關鍵的重點。

弟子：希望指的是一種「我做得到」、「一切操縱在我股掌之間」的感覺，是嗎？

創巴仁波切：是的，就是「我可以從我在做的事情中，得到什麼」的感覺。

弟子：無所寄望所達到的是不是某種一次性的發生，你突然就翻轉到——

創巴仁波切：不是，這不是什麼突然的閃現，然後你就達陣了，絕對不是這樣。

弟子：所以這是任何人在隨時都可以直覺感知的東西。

創巴仁波切：我們全部都有。但是連這個也不是什麼神聖不可侵犯的東西。

弟子：如果沒有地圖、沒有指導方針，而且完全是無所寄望的，那麼，這趟旅程上的老師除了告訴你「這是無望的」之外，還有其他什麼作用嗎？

創巴仁波切：你這就說對啦！

弟子：您會建議一古腦兒跳進無望之中，還是循序漸進地來？

創巴仁波切：決定權在你，眞的是看你自己想怎麼做。不過我還是得說，沒有絕望感是不可能發展出狂智的，要徹底的絕望。

弟子：意思是說，變成專業的悲觀主義者嗎？

創巴仁波切：不！不是的！專業的悲觀主義者也懷著希望，因爲他發展出他的悲觀主義系統，這還是那個熟悉的有所寄望。

弟子：無所寄望是什麼樣的感覺？

創巴仁波切：就是完全的沒有希望，壓根兒沒有立基點。

弟子：當你察覺自己絕望、無望的那個時刻，那種絕望感是不是會失去某種眞實感？

創巴仁波切：那得看你究竟認爲無望是依於宗教或心靈修持教義的神聖狀態，抑或是全然純粹的無望。這完全取決於你。

弟子：我的意思是，我們老是談到這個無所寄望、絕望，大家都開始覺得這就是關鍵，所以都想要這個。當我們感到絕望，於是說：「現在我可眞的上路了。」這可能會消除它的某些眞實感吧。

創巴仁波切：太可惜了，太可惜了！你若是把它當成修道，覺得你會從中得到什麼，那就不會管用。你反而會走投無路。把它當成修道的話，這種方式反而是弄巧成拙。無所寄望並非是某種花招，而是眞的無所寄望，你知道的！這就是眞理。這是無所寄望的眞理，而不是無所寄望的教義。

弟子：仁波切，如果所謂無所寄望眞是如此，那麼我們所見到的小乘、大乘、金剛乘等風貌，似乎就變成一趟帶領我們放棄希望的偉大旅程。您常提到一種柔道功夫，是利用自我的能量來擊敗它自己。而此處我們是以某種方式，利用希望之類等等能量，帶來絕望感、無望感，是不是這樣呢？還是說，這種類似柔道訓練的概念，也只是這趟心靈之旅的一部分而已？

創巴仁波切：據說在這趟九乘佛道心靈之旅的盡頭，就會清楚知道，這趟旅程其實從一開始就不需要被製造出來。所以，引見給我們的這條修道，從某方面來說其實是一種無望的作爲。這趟旅程根本是不必要的。這就好比你從自己的尾巴開始吞噬，直到把自己的嘴巴吃掉爲止，我們可以這樣來做比喻。

弟子：這樣看起來，如果要繼續下去，我們似乎必須不理會這個警告。雖然我也許知道了這根本是無望的，但在現階段，讓我繼續走下去的唯一方式，就是帶著希望走下去。否則爲什麼要坐下來禪修呢？爲什麼不出門去遊山玩水？這情況看起來似乎是自相矛盾的；不過，你知道的，好吧，我就乖乖待在這兒好了。即使我知道這整件事都是無望的，我就先假裝下去吧。

創巴仁波切：你這也是一種有所寄望的作爲，它本身就是無望的、會自我吞噬的。換句話說，你以爲自己是個聰明伶俐的修道旅行者，就可以騙過修道，但你終究會發現，你自己就是道徑本身。你無法騙過道徑，因爲你就是道徑的營造者。所以，不可避免的，你一定會收到很清楚強烈的「無望」的訊息。

弟子：所以，關鍵看起來似乎是繼續把這個遊戲玩下去？

創巴仁波切：這取決於你自己。你也可以放棄。你有絕對的選擇權。你有兩種非常明確的選擇，我想我們可以稱之爲頓悟和漸悟。這完全由你來決定，你可以決定在當下就放棄希望，也可以繼續玩遊戲，一邊即興創造各種娛樂效果。由此起見，越快放棄希望越好。

弟子：我們似乎無法忍受沒有希望的情況太久。到某個點上，我們就是無法再和它相處了，那時就會趁著各種干擾的方便，逃離它。

創巴仁波切：那就看你自己要做什麼選擇。

弟子：是不是應該一再再強迫自己，直到——

創巴仁波切：嗯，這不就像是你生命中的情境也不斷在發生一樣。

弟子：如果整個情況都是無望的，你要依據什麼來決定是否應該殺掉一頭水牛來餵飽家人，或是殺掉五百頭水牛，把牛頭掛在牆上？

創巴仁波切：以上這兩種選擇其實都是無望的！它們都是企圖求生存的方法，而這就是希望，所以兩者同樣都是無望的！我們必須學會與無望相處，無神論宗教是一種不相信任何事物的無望的途徑；而有神論宗教則是懷著希望，相信「我」和「我吸吮的奶頭」是分開的、是有分別的。抱歉我舉的例子有點粗俗，但概略來說，其中的運作方式是這樣的。

弟子：您說上帝不存在，自我不存在。那是否有一個所謂的眞正的我呢？在無所寄望之外，是否還有其他什麼存在？

創巴仁波切：我得提醒你，這整個主題所探討的是狂智，除了狂智自身這個眞相以外，它不知道還有其他什麼眞相。從這個觀點來看，沒有所謂的眞正的我，因爲當你又談到眞正的我或佛性時，那個談論本身就企圖在置入某種積極的態度，以便產生「一切都沒問題」的結果，這種結果在無所寄望或絕望之中並不存在。

弟子：以我看來，這個無有寄望所重申的似乎是停止自我保護、不再試圖改善情況的這種概念。依據我們對證悟的老套理解，就在我們停止保護、停止改善的時刻，眞正的了悟才會開始，這是不是您所說的意思？

創巴仁波切：從這個過程所關注的重點來看，什麼保證都沒有，完全沒有！就是要放下一切，包含自我。

弟子：然後那個絕望就讓你契入當下此處。

創巴仁波切：比這更深奧。它不會讓你契入哪裡。你沒有任何立基處可以站立，絕對沒有。你完全孤立無援。即便是那個孤立無援也不會是個棲息處，因爲你是如此孤立無援地、絕對地無望，甚至連孤單寂寞都不再是個避難藏身的庇護所了。一切都沒希望，即使它本身（仁波切此時彈指，大聲喊「它本身」），結果也是一樣的。一切都從你身邊拿走，全都拿的精光。無論發生什麼能量，只要是企圖保存自我，都是沒希望的！

弟子：企圖保存自我的那個能量，在自我的周圍形成某種外殼，如果這個能量停止了，那麼它就會遁入自身和周遭無有分別的狀態嗎？

創巴仁波切：什麼再保證也沒有。談到無望或絕望時，意思就是純粹的沒希望，此處所指的「希望」指的是「失去」的相反邊。所以你不再能透過任何辦法得到任何回報，壓根兒沒有，連「它本身」都得不到。

弟子：所以指的是那個「失去」嗎？

創巴仁波切：就是「失去」本身，一點兒也沒錯。

弟子：那種毫無立基點，似乎更甚於無望。我的意思是說，在無望之中，似乎還是有那麼一個「誰」在沒有希望。

創巴仁波切：連那個都很可疑。

弟子：那個立基處到哪兒去了？那個基礎就這麼沒了？我實在不懂。

創巴仁波切：立基處也是無望的。在那個立基處中，沒有什麼實質的存在。

弟子：我懂您的意思了，您是說，不管我們從哪個角度來看——

創巴仁波切：是的，你就是被無望所淹沒。它完全覆蓋著你，徹徹底底的、全面的、撲天蓋地。你一整個就是處在無望的幽閉狀態中。我們在討論的無望感是一種無立基點的體驗。我們在探討的是體驗，我們所說的的是一種體驗，只是整個狀態中的一條細線。我們在討論的是無望的體驗，這是一種無法忘懷或抗拒的體驗。它或許會抗拒自己，然而這還是一種體驗。它就只是一條貫穿持續的線。我原本以爲我們可以就蓮師在體驗上的體驗，更進一步討論這點，但是，即使這是蓮師在體驗上的體驗，也不代表什麼。一切仍舊是無望的。

弟子：您的意思似乎是說，無所寄望就是智慧，認爲有希望就是愚癡？

創巴仁波切：親愛的，我不認爲是這樣。這單純就只是完全地無所寄望。

弟子：當您談到無所寄望，這整個狀態看起來是如此令人沮喪，而且似乎很容易就會被那個意氣消沈所淹沒，灰心喪志到藏身繭殼之中，或變得精神錯亂。

創巴仁波切：那就看你自己要做什麼選擇，這完全取決於你自己。重點在此。

弟子：還有什麼東西——

創巴仁波切：你看，整個重點就是，我並非在利用各種經過完美巧妙計算的模式，試圖製造出「絕望」或「無所寄望」的絕對原型，以便展示給你看，要你往那個方向去努力。你自己的良善，你自己的無所寄望，就是唯一的原型了。如果我製造出什麼東西來，那只會是一種戲法而已，一點都不眞實。更確切地說，這其實是你自己的無所寄望，你自己的世界，你的家族傳統，你繼承的遺產。那個無望來到你的存在中，來到你的心理狀態中，關鍵只在於如實地將之召喚出來。但這一切仍舊是無望的，再怎麼努力讓它變得充滿希望，它還是無望的。我根本無法重新塑造、改製或修整它。這並不是候選人上電視，有人幫他打粉、擦唇膏，讓他看起來相貌堂堂，這是行不通的。此處所說的，就是完全無所寄望，徹底的絕望，這必須透過你自己的方式才會發生。

弟子：有沒有可能覺察一切都是無望的，同時又感到其樂陶陶？

創巴仁波切：嗯，當然我們會經歷各種不抱希望的情境，但是這些情境都是無望或絕望本身的表現。我想你形容的狀態也可能發生，但你想騙誰呢？

弟子：那洛巴大師出現禪觀，並有機會選擇是否跳過母狗或面對母狗❷，這是否和您之前提到的「是」與「非」相同呢？

創巴仁波切：我想是的。

弟子：那洛巴大師最後的無望——

創巴仁波切：那洛巴眞正見到上師之前的那份絕望，是絕對的。沒有經歷過絕望的境地，就想要了解蓮師的生平故事，那是不可能的事。

❷《那洛巴傳》摘錄：在一條小路上，他遇到一隻發出惡臭的母狗，身上爬著寄生蟲。他閉著氣，跳過母狗，結果母狗升入空中，現出虹光環，說：「所有衆生本來都是自己的父母，若不發展大乘道上的悲心，卻入錯誤的路徑，又怎麼可能找到上師呢？當你輕賤其他衆生的時候，上師如何會接納你呢？」言訖，母狗和岩石就消失了，那洛巴再度暈倒在一片沙地的高台上。當他醒來時，又開始祈禱，並繼續旅程。

此故事亦可見於創巴仁波切的另一本著作：《*Illusion's Game: The Life and Teaching of Naropa*》，由 Shambhala Publication 出版。

8

絕望與三身

無所寄望、絕望，是了解狂智的起點。如果無望或絕望感能夠打破不切實際的目的，那麼絕望感就會變成某種較明確、落定的狀態，之所以會變得較明確，是因爲我們不再企圖製造原來就不在那兒的狀態。所以說，無望或絕望感可以指出那通往無二元的根本途徑。

絕望感和我們日常生活的實際層面息息相關。生活的實際層面並不涉及精密的哲學思考或微妙的神秘經驗，生活就是生活。可以這麼說——我們若能看到生活的本貌，那就有了一種領悟，就有了頓悟或豁然開朗的體驗。沒有經歷那種絕望感的話，頓悟是不可能生起的。只有放棄我們內心的計畫，才會體悟到究竟、明確、正面的存在境界，也就是了悟到，我們在當下此處早就已經是證悟者。

深入討論這個狀態時，我們可以說，即使只是要對佛性驚鴻一瞥，也先得經歷生命中這個與輪迴迷惑有關，且依於對特定事物所生起的經驗。這經驗涉及了一種二元感，你有所體驗且認同這個經驗，你將之感知爲另一個分開的東西，你和你的經驗之間是分離的，你在經歷某個對境，某個體驗。

儘管那兒尚有一種分離感，一種二元感，但這還是一個覺醒的體驗，一個對自心之佛的了悟。於是，在體驗本身和對體驗的投射之間，開始發展出某種空間感（sense of space）。這是一趟不斷向前邁進的旅程，我們試著到達自己內在那塊清明聖土，我們不斷努力，開始融入這段關係之中，把我們的那個空間感帶到某個層次上。

這有點像是話到嘴邊之前，自己會先經歷到還沒說出來的那個內容，先感受到尚未吐露之物的那個空間。我們先是感受到這個空間，然後才說出想說的內容，「說出來」以某種方式凸顯和強調了那個空間，讓它變成一種明確的觀點，也就是說，爲了表達出那個空間，我們必須劃出空間的界線。

那個話到嘴邊（還沒說出來）、或者就快體驗到什麼之前的那個敞開感，就是一種空性的體驗。這是一種豐饒的空性、孕育的空性，那樣的空性體驗就是法身——想要生出什麼，先得要有一個孕育處，而那個尚未出生前的「無生」，那個空無，就是法身。

法身原是非因緣和合、無條件的，那個跳躍已經在那兒了，當我們確然決定要跳躍之際，其實就已經跳躍了，「跳躍」的本身反而有點重複或多餘了；一旦決意要跳躍，那個跳躍就已經完成。此處所說的是在跳躍或出生已經被決定，但尚未顯明之前的那個空間，此時一切尚未清楚顯露，但卻等同於已經顯明一般。在那個將要經歷什麼的心境中，例如，喝一杯茶之前，我們其實已經喝下了這杯茶；在實際層面上說出什麼話語之前，我們也已經說了這些話語。

而在我們心境中持續發生的這種孕育的、胚胎的、豐饒的基底（ground），同樣也是「非因緣和合」的、無條件的（例如孕育著某物亦然），相較於我的自我或二元之心、我的作爲、我的愛恨情愁等等，相較於這一切，這種狀態是無條件的，因此，我們會持續不斷在心境中瞥見這個無條件的狀態。

法身（梵：dharmakaya）的境界就是蓮師的起始點或根基。此處所說的胚胎孕育的「展現」或「顯明」，就是現象或法（梵：dharma），也就是已經發生的各種可能性，那些存在於無存之中的已存事物，發生在我們日常經驗中的一種富有創造性、圓滿完整卻又不可捉摸的狀態。情緒生起之前，已有一個準備動作；付諸行動之前，已有一個準備動作；這種像是被充盈（occupied）的空間感，自現起而存的空間，就是「法」。我在這裡談到的所謂法身的「身」，代表某種形式，一種對諸如此類的法或現象有所存在的陳述或表達——法的身體或形式，即是法身。

然後是蓮師在我們生命狀態中第二個層次的示現，也就是報身。這是圓滿和空性之間的分界線，因爲它是空性，有一種其豐饒得以呈顯的味道；換言之，報身有點像是一種對空性的存在之證實或肯定。有一個廣大空間感讓各種情緒得以生起，例如憤怒就快或已經爆發而出時，在最後實際的生起之前，仍需要有一個過程讓它推演發生；這個推演發生就是報身。報身的梵文是 sambhogakaya，sam 的意思是「完全」（complete），bhoga 的意思是「歡喜」（joy），此處所說的「歡喜」指的是一種充盈的狀態或能量（energy），而不是相對於痛苦的那種歡樂感。這是一種充盈的狀態，行動本身自現起而存在，情緒本身自現起而存在，儘管它們自現起而存在，說到其根本上的眞實性卻是無有根基的，它們沒有根本上的眞實性，然而情緒卻會從中油然而生，其能量湧現而出，持續不斷地星火燎然。

此外還有化身，梵文是 nirmanakaya，此處的 nirmana 意思是化現或展現，此處指的是一種完全展現、畫龍點睛的最終狀態。這就像是胎兒已經出生，醫生將臍帶剪斷，在胎兒和父母之間做出分隔一樣，這個孩子現在成了一個獨立的個體。這個例子所比喻的是當情緒爆發，體現到這個令人驚奇的外在世界時；此時，貪或瞋的對境或其他等等，有力且明確地展現出來。

這並不特別是指應情緒而採取行動的狀況，例如透過憤怒爲作用力來殺人，或透過貪欲爲作用力來吸引他人等行動。儘管如此，無論如何，在實際的話語被說出來、實際的動作出現之前，情緒其實已經顯現，情緒的最後定位已經產生，也已經與你分開了，你已經正式把自己和情緒之間的臍帶剪斷，情緒已然出現於外，它們已經變成你發射出去的衛星了——成了一個不同的異體。這就是最後的展現。

此處當我們談到貪瞋癡時，無論提到什麼，都不是以區分好壞的道德判斷來說的，而是在指充滿力道的情緒，有著自己鮮明清晰的能量。我們可以說，生活中時刻都充盈著這樣銳利的鮮明清晰，好比「覺得無聊」、「感到生氣」、「墜入愛河」、「引以為豪」、「妒火中燒」的鮮明清晰感。生活是由各種不同的鮮明清晰所醞成，並非是由它們製造出來的良善或罪惡所組成。

此處要表達的是蓮師的精髓，蓮師的那個清晰鮮明性，不斷透過出生的過程而在我們生命中展現出來：我們經歷某種空間，然後它有所體現，最後又結束這個體現。所以此處有一個三部曲的過程：身為孕育空間的法身，具有推演之特質的報身，以及最終實際體現而出的化身，這些全都是蓮師的清晰鮮明性。

在討論蓮師八相（蓮師八變）之前，了解三身的原則其實甚為重要。除非對蓮師生命所蘊含之能量的微妙性有所了悟，要了解蓮師八相是絕無可能。而若不了解三身，我們可能會以為，蓮師八相的各種面向就好像一個人戴了不同的帽子一般，一下戴上紳士帽、一下戴上狩獵帽，一下又是瑜伽士帽、學士帽等等。但情況並非如此，這並不是一個人換穿不同服裝的遊戲，而是與生命的清晰鮮明性有關。

提到蓮師時，並非僅是談論一個歷史人物而已：「從前從前，有個人出生在印度，名爲蓮師。」這沒什麼意義，這麼陳述只是在上歷史課而已，此處反而是要指出，蓮師其實就是我們自己的經驗，我們要試著去觸及、了解自己內在的蓮師。蓮師本性（Padmasambhava-ness）有三個部分：法身（開放空間）、報身（推展的能量）、以及化身（實際體現）。

我們現在可以對自己這麼說：「這本來就是狂智，有什麼好覺得離譜的？能量本來就會發生，空間就在那兒，這有什麼不尋常嗎？有什麼該覺得是瘋狂或有智慧的呢？」實際上，那兒什麼也沒有，沒有什麼瘋狂的事、也沒有所謂有智慧的什麼，唯一特別之處就是：恰好它就是眞理。我們內在本來就有蓮師的存在，我們被蓮師所據，我們整個生命的存在就是由蓮師所組成。因此，當我們試圖以一種外境的狀態來認識蓮師，把他當成一個存在外界的人，住在印度海岸邊某個偏遠島嶼上，一個叫做銅色山的地方，那眞沒什麼意義可言。

以那樣的方式來認識蓮師的話，那就簡單了，因爲這麼一來，我們就可以有某種追求和抱負。我們可以有這樣的感覺：我想去蓮師的居住地，我想知道他到底是神話人物或實際存在的人。我們可以搭機乘船，試圖找出蓮師目前仍健在活躍的居住地，努力迎請蓮師，在外境上請他來到我們生命中，就好像《等待果陀》❶一樣，這根本是徒勞無功。

有一位西藏大成就者，人稱「倉瘋子」，他住在藏東的倉地，靠近一座名爲阿耶馬千山的地方，我的上師蔣貢康楚曾前去拜見這位成就者，這發生在我遇見上師的大約五年前。上師不時會提到他與倉瘋子見面的情形，倉瘋子是個再平凡不過的農夫，卻證得了狂智的心髓。他的倉庫堆滿了一袋又一袋的珍貴物品，據說非常寶貴，結果袋子裡面竟然滿是一些浮木和石頭。我的上師問了倉瘋子：「如何與蓮師合而爲一？」倉瘋子答道：

「當年我還是個年輕學生時，是個非常虔誠的佛教徒，充滿了信心。我常常希望自己的色身與蓮師的色身合一無別。我持咒無數，作了百千萬次的持咒和祈請，我常常大聲唸誦咒語，聲嘶力竭，持咒時連呼吸都覺得浪費時間。我不斷地祈請蓮師，祈請又祈請，試圖讓自己的色身與他合而爲一。但我後來突然領悟到：我自己，我的身體，就是蓮師！我可以喊破喉嚨一再再祈請他，但是這一點意義也沒有！所以我就決定不再祈請他了，然後我發現蓮師竟然在召喚我，我試圖抑制他的召喚，卻無法控制，蓮師要我，不斷在呼喚我的名字。」

我想，這就是我們此處所討論到的情況。與其我們在外界尋找蓮師，反而是蓮師在內在凝視著我們。爲了讓這些在生活中更顯眞實和平凡，我們似乎需要某種內在的確信。我們必須醒悟到，有一種能量總是在那兒，而那個能量蘊含了全體性，它不是二元或互為緣起的狀態，而是我們內在一種自現起的能量。我們有貪、有瞋，我們有自己的空間，自己的能量，它本自而在，不依任何因緣條件而存，究竟、圓滿且獨立，遠離任何形式的相依關係。

這就是此處所說的蓮師的要點。蓮師原則遠離了「觀照自我」（watching oneself）的一切臆測的概念、理論和活動，我們活生生地體驗那「無有觀照者」的情緒和經歷。我們本來是佛，所以我們本來就是蓮師；有了如是確信，如此的金剛慢，讓我們有了更進一步的機會。當你徹底了知自己是什麼、自己是誰的時候，並不難想像何謂蓮師原則，然後你就可以盡情探索整個世界，因為你已經不再需要探索自己。

弟子：仁波切，如果法身已經是一種孕育的狀態，一種豐饒多產的狀態，這是否表示沒有不適用於一切的全然空性的法身？您的意思是不是法身始終已經具備某種實用性？

❶薩爾謬．貝克特創作的一齣荒誕派戲劇（法文：*En attendant Godot*，英文：*Waiting For Godot*），其中描述到二人徒勞地等待果陀的到來，果陀的不在場等等，導致了許多猜想和解釋。

創巴仁波切：這種角度來理解的法身，有點類似經歷或體驗，這頗不同於法界（dharmadhatu），那個廣大的法界。所以當我們把「法身」拆開來看：法（現象）和身（形式），從某種意義來說，這是因緣和合的。之所以是因緣和合的，因爲它已經孕育出某種東西了①。

弟子：這是否表示，法界是一種理論性的假設？只是一種理論性的背景或基調？

創巴仁波切：我可不會說它是理論性的。它甚至連名字都沒有。去談論所謂法界讓我們更加強了自我意識感，結果使得法界也變得自我意識了，更確切來說，發明名相來稱呼法界，讓法界在我們眼中變得更加自我意識了。

弟子：法界經驗起來與法身不同嗎？

創巴仁波切：是的，法界不是經驗。

弟子：所以是法界有法身在其中——

創巴仁波切：對，法身在法界中發生。法身已經是經驗了，法身指的是本初佛，藏文是檔波桑傑（tangpo sangye），這並非是經由修持而證得佛果的佛，而是指當下的了悟，那就是法身的無二元性。相對的，法界則是事物的駐錫處，它完全沒有自身的實體。

法身可以說是某種憑證，我們先得有某種憑證才能是法身，這就是爲何法身是孕育性的。但我們不該以輕蔑或負面的態度來看待這個憑證，輪迴世界中發生的各種精彩片段，就是那個展現的一部分；佛法作爲教敕，也是其中的一部分。如果沒有學生，教法也不會存在。事實情況就是如此。

弟子：蓮師和法界有什麼關係？

創巴仁波切：一點關係也沒有。

①創巴仁波切在正文中解釋法身為非因緣和合，但這個回答並不與之有所衝突。儘管法身因為有某種孕育的作用而說它是因緣和合的，但誠如先前仁波切所說的，法身還是維持不被任何事物所變動的狀態，讓我們持續有機會一瞥那非因緣和合之心。另參見仁波切回答有關業力和法身的內容，講座二第三章。

弟子：那麼，法身中的可能性，某種孕育的狀態，這與佛教視爲負面的欲望的「期待」，又有什麼不同？換句話說，您說到法身是一種可能性，就好像喝茶前就已經喝茶了，法身和想要喝茶的執著有何不同？

創巴仁波切：並沒有什麼不同。如果從實相的角度來看執著，它其實是非常寬坦開闊的。然而我們將執著視爲對自己的一種侮辱或損害，於是它就眞的變成了侮辱和損害，然而，執著的本貌其實是非常寬坦開闊的。它是個空洞的問題。執著本身是非常廣闊開敞的，它就是法身自己。

弟子：是不是有一種動力，推著那個執著超越了法身階段的潛力或孕育期，到達一種實際將要變成什麼的狀態？

創巴仁波切：動力早就在那兒了，因爲經驗就在那兒。動力在你把經驗視爲一種可經歷的對境時，就開始了。動力早就在那兒了，所以法身就是屬於那個能量的，這就是爲何我們說三身與能量都有關：最透明的能量、動態的能量，以及展顯的能量，三身都包含在那個能量中，所以才稱之爲三身（形式）。

弟子：在法身那個孕育的空間中，似乎也有著報身和化身。

創巴仁波切：是的。

弟子：以我來看，從法身到化身的這趟旅程中，如果說，顯明的化現最終將成爲某種輪迴的狀態，而法身之中早已孕育了這種狀態，那就表示，法身之中已經有了輪迴的元素。例如，在眞正喝茶之前，我們早已喝了那杯茶，那麼，在那個喝茶的經驗中，已經有了所有的因緣條件，決定了那個經驗的一部分。

創巴仁波切：我們探討蓮師的最主要重點就是，蓮師即是三身原則，三身原則是同時由輪迴和涅槃二者聯合構成，因此所有的因緣條件都在有效運作。這個時候，就那個經驗來說，輪迴和涅槃在經驗中是一體的。此處我們所關注的重點是，它是純粹自由的能量，這能量既非因緣和合，也不是非因緣和合，更確切來說，它本身的存在就是它自己絕對的狀態，所以，並不需要努力說服自己其中不含有輪迴的部分，才能讓它有效運作。如果沒有那個〔輪迴的〕部分，就沒有可以讓我們瘋狂著迷的東西了，你知道的，我們現在探討的可是「狂智」！

弟子：化身的部分又是怎樣呢？

創巴仁波切：就是把茶視爲外在對境的狀態，就像是剪斷臍帶一樣。把茶當成外界那個實體茶的狀態就是化身。但這並不一定特別是指眞正去做那件事，而是說，對於茶的經驗，有三種不同的實體化層次，也就是心之存在的三種狀態。

弟子：所以說，化身就是「那個實體狀態」。

創巴仁波切：沒錯，就是那個實體茶杯的狀態，那個實體茶壺的狀態，那個實體茶的狀態。

弟子：那麼報身又是怎樣的呢？

創巴仁波切：以茶來說，相對於喝茶的抽象概念，報身就是稍加分離的狀態，這其中是有個過程的。

弟子：意思是，你所經歷的「實體茶壺和茶杯的狀態」可能與整個出生過程有所分離的感覺，這跟一開始承載它們的那個經驗過程有所切割，是嗎？

創巴仁波切：這部分早就發生了。一旦已經孕育出什麼，那就已經是一種分離的表達方式了，把那個狀態分娩出來，讓它出生，那就是更進一步的分離的表達方式；最終的表達方式就是把臍帶剪斷時，那就是分離的最終狀態。

弟子：所以就完全接納那個分離嗎？

創巴仁波切：是的，否則與涅槃的相互關係就會變得很迷亂混淆；當然，你要稱它爲涅槃或明智或其他都可以。

弟子：我不明白這和無望或絕望感有什麼關係。我的意思是說，我看不出來頭兩堂課的內容之間有什麼相應之處。

創巴仁波切：此處所描述的這個過程，不會帶來任何安慰和舒適，而絕望感就是從這兒來的。我們可以說法身存在，報身存在，化身存在，每一身都有自己的作用，但這又如何？仍舊沒有任何處方能爲你製造出快樂。此時此際，這已無關乎是否能爲我們的生活帶來快樂、良善、安慰或其他類似狀態了。這一切仍舊是一種絕望的局面。說實在的，即使你對法身、報身和化身裡裡外外都透徹了解了，這對你而言又有什麼意義呢？你只會理解那個能量原則，以及能量的獨立性與潛力，但除此之外，沒有解藥！這一切還是絕望的。

弟子：仁波切，如實見到事物的樣子仍只是一種體驗而已嗎？

創巴仁波切：是的。我們可以說，如實看到事物的樣子，其實還不夠瘋狂。

弟子：仁波切，您描述從法身到報身，乃至化身的活動，是一種朝外移動的能量；那麼，這個過程也可以逆轉過來嗎？能量是否也能從化身、報身，轉回法身？

創巴仁波切：這也不斷在發生之中。就像是再回收自己一樣，沒什麼大不了的。

弟子：您曾說我們都可以選擇要漸悟或頓悟。

創巴仁波切：是的。

弟子：然而絕望感無時不刻都在那兒。

創巴仁波切：是的。

弟子：嗯……那我們又能怎麼辦呢？

創巴仁波切：有一句老話說：道即是果，果即是道。你創造你的旅程，你到達你的目的地，抵達目的地又帶來另一個問題：從那兒如何繼續前進呢？這麼一來，每個果本身又成了道，特別是從密續的觀點來看，只有道，沒有什麼可獲得或達到的。「道」的「發現」，就是到達，就是獲得。你明白這個意思嗎？

弟子：那麼，所謂頓悟的「頓然、突然」，又是怎麼一回事呢？

創巴仁波切：「頓然」總是一直在發生。

弟子：無時不刻？

創巴仁波切：沒錯，無時不刻！甚至直到你放棄「道」——也放棄「果」，頓悟仍舊不斷在發生。所以，唯一的「最終」頓悟就是你必須放棄頓悟。這非常令人震驚。這也是頓然發生的。

弟子：但是您說的那個不斷在發生的頓然一瞥，不同於漸悟之道嗎？

創巴仁波切：沒錯，這是肯定的。從這個觀點來看漸悟之道的本質的話，我會說，漸悟之道把果視爲果，把道視爲教義。頓悟之道則把道視爲果，也把果視爲道，沒有教義存留的空間可言。一切就只是關於個人化的經驗而已。如果要在牛津字典中列出漸悟之道和頓悟之道的定義的話，可以這麼定義它們。

弟子：仁波切，從法身到化身的這個實體化過程，以及我們對此過程的心態，也適用於心靈層面到實際概念投射的過程——也就是說，直到概念投射變得更爲堅固的過程，以及對此過程的心態上嗎？

創巴仁波切：當然了。三身的整個存在，實際上就是一種投射，你就在那個投射之中虛構種種概念投射。所以，換句話說，法（現象）本身的存在就是一個投射，無知和明智二者也都是投射，就因爲一切都是如此成形的，整個狀態同時是投射、也是實體。

弟子：剛才您說的故事中，主角以無數次的持咒和祈請文來禮拜蓮師，我不太明白重點是什麼。那種虔誠心的修持純粹只是浪費時間而已嗎？還是有某種價值在裡面？

創巴仁波切：就某方面來說，二者其實是相同的，爲了獲得時間的價值，就得從讓你浪費時間開始，這就是獲得時間的價值的其中一部分。

弟子：所以主角是在浪費時間？

創巴仁波切：但是他從中明白了道理。透過時間的被浪費，他終於覺悟到自己在浪費時間。

弟子：重點就在這兒？

創巴仁波切：是的。

弟子：那麼根本就不是浪費時間啊。

創巴仁波切：這取決於你自己。我說過的。

弟子：當您說，無需規劃什麼旅程，您是說眞的嗎？我們不需要前往哪裡嗎？

創巴仁波切：這麼一來，你就不會知道這趟旅程是什麼。

弟子：爲什麼需要知道呢？

創巴仁波切：因爲要覺悟到自己從來都不需要走這一趟——它是一張無縫之網。

弟子：法身中涉及某種決定論嗎？從法身、報身到化身的過程中，是否有種必然性？

創巴仁波切：我想，法身那部分的唯一決定論，就是對它自身存在、對它自身孕育性的自我意識❷或自覺（self-consciousness），而這就是二元化的第一個表達。

弟子：三身和您提過的墳場之間，是什麼樣的關係？有任何關係嗎？

創巴仁波切：從一開始，每當你發展出某種顯明或展現時，就創造了自己的世界。法身創造自身的存在，也創造它的環境。那個環境就是墳場，一個消融和展現的地方。

弟子：我看不出報身和化身之間的不同。法身看起來具有所謂「母體」的狀態，報身看起來則像是分娩，你知道的，就是那個第一個表達方式。但是我看不到報身到化身之前的最後一步在哪裡，似乎報身和化身二者都代表了某種實現或完成。

創巴仁波切：可以說，報身是在認知那個能量，化身則是在執行那個能量，就好像剪臍帶的比喻一樣。除此之外並無不同。

弟子：但是您說報身就好比分娩一樣，這樣看起來也很像最後一步。

創巴仁波切：報身在認知那個能量，在某種意義上，也就是對實相的感受力。報身認知到你的概念投射是分離的，徹底分離的狀態；然後，對那個分離狀態、你的投射的處理，則是由化身來進行。我們可以這麼形容：化身是家庭事務，就像是處理廚房水槽的現實問題一樣；報身則像是新婚，之後才會有廚房水槽的問題需要處理；法身就像是談戀愛而求婚，其中包含了日後會發生的那些可能性，也就是說，各種不同的可能性已經伴隨而來。

❷這個自我意識，其他英譯者大部分譯為 self-awareness，也就是自覺。

弟子：之前您好像說過，從自我的角度來看的話，三身的過程是輪迴的，但若是從法界的角度來看，則是涅槃的？

創巴仁波切：我們尚未探討到涅槃的層面，因為一方面來說，這實在太理想化了。另一方面，這麼探討的話又不太精確，因爲我們從未見過涅槃。因此，目前階段我們是從輪迴觀點所認知的證悟來作討論。

弟子：爲何我們沒見到涅槃？

創巴仁波切：我們仍舊想要得到答案和結論，這正是一個分離狀態的經驗，是輪迴的！你想要邏輯，但邏輯是依於輪迴心而來的。

弟子：看起來，這個三身的過程，其實是十二緣起、輪迴六道和各個中陰等相同過程的不同觀點，是嗎？

創巴仁波切：是的，是一樣的。

9

無畏

透過前面的準備，探討過三身原則之後，我們接著來看蓮師，相較於一位持明者（vadyadhara）會有的其他展現，我們現在可以把蓮師視為狂智的代表。我們可以說，蓮師狂智的獨特之處就是頓悟。蓮師八變或蓮師八相並非是次第變化的過程，而是同步發生的。事實上，傳統上是稱為「蓮師八名號」（藏拼字：guru mtshan brgyad），而不是八種變化或八種面向。

這個名號原則是什麼？為何原本稱之為「八名號」而不是「八變」或「八相」呢？說到「相」或「面向」、「層面」的時候，通常指的是某個本體的不同點。我們可能會談到某個人作為父親的那一面，作為老師的那一面，或作為生意人的那一面等等。在這個通俗的用法中，潛藏著一種隨著不同角色而變化的概念。表達不同面向的這個普遍用法，暗示著蓮師轉化自己，進入自己生命的不同階段，或者展現出不同的意象，這種說法並不適用於蓮師身上。相反的，蓮師之所以擁有不同名號，其實跟弟子和其他眾生對他的態度息息相關。不同的名號相應於他人看待蓮師的不同方式，與他自己的改變無關。名號在此處有種「頭銜」的意味兒。藏文是咕如桑傑 guru tsen gye，也就是蓮師的八種名號或別號，Tsen 是「名字」的敬語。有些人或許將蓮師視為如父親一般，有些人將蓮師視為兄長，還有些人則將蓮師視為仇敵。由人們看待他的方式而產生的觀點，形成了蓮師八名號的基礎，但他眞正的唯一示現，就是只有狂智而已。

經典中如此形容狂智成就者：「調伏需被調伏者，摧毀該被摧毀者。」這裡提到的觀念是，面對一位狂智成就者時，無論你的煩惱說需要什麼，你就會被回擊以之，狂智呈現給你的是鏡像的反影——這就是爲何蓮師的狂智通用於一切處。狂智沒有極限，也沒有形式上的固定邏輯。你長的醜的話，鏡子也不會做出妥協，美化你一絲一毫，因此怪罪鏡子或打破鏡子是沒有意義的，鏡子碎裂的愈多片，愈多鏡面反射你那張臉。所以說，蓮師智慧的本質就是沒有極限、也不會妥協。

蓮師第一相稱爲「蓮花王」（藏：貝瑪嘉波，Pema Gyalpo，梵：Padma Raja）。蓮花王誕生於印度和阿富汗之間的喜馬拉雅山麓，一個名爲鄔底亞那的地方，後來也被稱爲司瓦特。這是一個極其美麗的國度，周圍環繞著白雪皚皚的山嶺，整個國度就像是一座設計的巧奪天工的公園一般，觸目可見許多湖泊與蓮花塘，新鮮空氣沁人心脾，氣候四季宜人。其中一座湖泊叫做達那寇夏，也稱爲新督湖，湖面上鋪滿了蓮葉與蓮瓣，其中有一朵蓮花尤其巨大，而且與眾不同的是，這朵蓮花不像其他蓮花一般，隨著季節而有所變化。這朵蓮花在猴年的年初長出花苞，四季持續成長，經歷了寒冬蕭條、春意回暖、盛夏日照和秋紅妝點，蓮花依舊含苞待放。

直到猴年十月初十，蓮花終於燦然綻放。蓮花的花心，坐著一個美麗的孩兒，八歲幼兒的模樣，相好莊嚴且好奇。蜜蜂和鳥兒圍繞著他，鳴唱讚歌，空中傳來美妙的音樂，到處充盈著圓滿、康健和神秘的氛圍。

這個孩童看起來像是一位養尊處優的王子，這怎麼可能?!他無所畏懼，對周遭發生的事充滿了興趣，為外在世界感到驚奇著迷。

這就是蓮花生大師的誕生。

此處的整個重點在於蓮師的幼兒特質；他是一個成熟的幼兒，當然，這是個非常大的衝突點——他是個莊嚴漂亮的大嬰孩，一個有智慧、有威力的幼兒，非為牛奶餵養、不食人間煙火，僅靠稀微的空氣而活；就是因為這樣的青春活力而被稱為「蓮花王」——蓮花王子。

我們內在也都擁有那樣的青春活力，我們的心靈具備這美麗的幼兒般特質，而日常生活中發生的經歷，有如湖底覆蓋著蓮根的泥巴，其中有著貪欲、情慾、瞋怒等等，各種不同的煩惱。然而，從這些煩惱之中，時刻都呈現著某種清新的特質，也就是我們內在的那個幼兒的特質，完全的年輕、青春、好奇。

我們內在這個嬰孩的好奇心，並非屬於煩惱心的求知欲，而是一種純粹基本的好奇心，既然想要探索痛苦的深度，既然想要探索喜悅的溫暖，這麼做似乎是再自然不過了。這就是我們內在的蓮師特質，稱之爲佛性或根本菩提也可以。我們會想要拿起一個玩具，把它抓在手裡，研究它、丟擲它、把它摜在地上、看著它變得支離破碎、拆解它、組合它。我們常做這種事，就像小孩子一樣。這種幼兒般的特質，就是證悟的特質。

當人們談到證悟的時候，通常會聯想到老智者的模樣。他們想：一個證悟的人呢！應該是識途老馬，身經百戰而得到智慧，事實上，應該說他是學問淵博。這個人收集了千萬種資訊，因而讓他成爲有智慧的老者，令人信賴且良善，有著證悟的品質。然而，從狂智的觀點來看，所謂的證悟與這種觀念大相逕庭。證悟並不特別與年老智慧有關，反而比較是青春智慧的狀態，因爲對於探索生命中不斷發生的經驗而言，證悟有著廣大開闊的視野，也就是說，以心靈來探索生命的經驗，不管是在人際關係、家庭生活、修行、哲學等等層面上，證悟有著一種無限的開闊性。

證悟之中也有著一種無畏的品質，對世界無有仇視之意，不會有一種沒保護好自己就會被外界攻擊的不安；相反的，還興致盎然地想要探索刀鋒邊緣，就好像孩子恰好撿到沾著蜂蜜的剃刀，拿起來就舔，同時嚐到了蜂蜜的甜味和舌頭流出的血腥味。從狂智的觀點來看，痛苦和快樂都值得放膽一嚐。那就是年輕王子蓮師的好奇心的品質。這裡頭有點不羈的意味兒，但同時又極爲細心照護，熱情地想要學習，急切地想要探索。

此處用「學習」這個字眼或許是不恰當的。我們並不是以收集資訊的方式來學習，而是在吸收發生在周圍的一切，不斷去面對和理解。在這樣的「學習」中，我們並非是爲了日後捍衛自己而學，而只是爲了學習這些是一件令人愉悅、令人著迷的事，有如孩童玩玩具一般，任何東西到了他們手裡都成了玩具；這些並不是什麼經過設計的教育性玩具，而是身邊的所有東西都可以變成玩具。

蓮師沒有經過父母之身，而是從蓮花誕生了，因爲他並不需要被教育什麼。他不需要父母把他教育成理智負責的成人。據說他一從蓮花出生時就已經是八歲孩童的模樣了，但我們可以說，打從蓮花中一出生，他就已經八十歲了。這是超越年齡的，無論他幾歲，都還是一個年幼的嬰孩，更確切來說，應該是個老嬰孩；二種情況其實是一樣的。

此處最重要的重點之一，是對自己生命狀態的探索，這種探索獨立於教育性或資訊蒐集之外，我們盡情探索只是因爲喜歡，就像是孩子玩玩具一樣。那樣童貞般的特質一直都在我們心裡，那就是蓮師的特質。

再說一次，這樣的特質也具備無畏之心。我們之所以無法保持無畏，是因爲以輪迴方式面對事物，以致於無法自由地盡情探索。儘管內心有著強烈的憧憬渴望，卻害怕過於深入的探索會傷了自己。那就是恐懼。但蓮師的孩童特質卻是無所畏懼的，因爲他並不關注是否會受到傷害。並不是說他根本就是有受虐狂或受虐成性，而是說，他感恩和欣賞這一切，在面對這些事時，有一種完全敞開的心態——那麼純粹，那麼直接。他並不是因爲事物具有某種教育性才去探索學習，而僅只是因爲事物就在那兒了，這種關係自然而然就這麼發生，這麼展開了。

鄔底亞那王國的因札菩提王，發現了從蓮花中出生的年幼王子。國王求子多年不得，一天，某位侍從爲了裝點皇宮，來到達那寇夏湖採花，發現了一朵神秘的蓮花，蓮花已綻放，裡頭坐著一個年幼好玩，好奇又可愛的孩子。侍從趕緊回報國王，於是國王下令將這個孩子帶回皇宮，領養他，立他爲未來的王儲。

蓮師在皇宮裡過著幸福的生活，但一段時間之後，美食、財富和各種享受不再吸引他，因札菩提王於是決定幫他安排婚事，迎娶鄰近王國的公主，讓蓮師有個玩伴，婚禮如期舉行了，蓮師繼續他的各種探索，性、伴侶關係、美食、財富等等。

這裡我想澄清一點，此處的重點不在於蓮師必須長大成熟、或獲得對生命的認識。蓮師的成爲王子，甚至他的誕生蓮花中，並不是他自己必須完成的旅程，而是因札菩提王的旅程。因札菩提王眼中的蓮師，必須養尊處優，必須給予他美食、華衣、女伴。結果蓮師卻得讓這一切悉心照料全盤崩毀，他爬到皇宮屋頂上，握著三叉戟和金剛杵跳舞。跳著跳著，彷佛是意外一般，他放開手，三叉戟和金剛杵就這麼從屋頂直直掉落地面，三叉戟剛好刺穿當時路過的一位大臣的妻子的心臟，而金剛杵恰恰就砸在大臣兒子的頭上，母子兩人當場身亡。

你想，接下來的劇情會如何進展呢？蓮師因此被驅逐出境——王子犯法與庶民同罪，殺人犯不能留在王國內。王國中行政系統完善，法治清明，所以即便是從蓮花出生的那個神秘孩子，也得被驅逐，而這恰恰正中蓮師的心懷，他決意遠離這個環境，繼續探索各種不同的情境。

當然，我們身爲學習中的學生，並非必要走上和蓮師相同風格的道路，不一定需要經歷他所經歷的所有過程。事實上這也是不可能的，我們的境況不一定允許我們這麼做。然而，他探索貪欲與瞋恨的表率卻極有意思，值得我們去理解和探究一番。然而，能否如此進行探索，關鍵在於是否無畏。我們無畏的程度可以說是我們明智的速度儀（也就是說，顯示出我們能夠行動的範圍），正覺之心就在那兒閃耀而出，（我們就在所顯示的範圍之內而如是行動）。誠如經典所說的，凡夫不應行瑜伽士之事，瑜伽士不應行菩薩之事，菩薩不應行大成就者之事，而大成就者不應行佛陀之事。如果超越自己的極限，如果突然狂野放蕩起來，行爲反常，那可會讓我們負傷哀嘆的。我們會得到反餽，強烈的警訊會反射到我們身上。如果我們的行爲超過能力所及，那就會造成破壞或毀滅。

因此，狂智的觀念並非只是放蕩不羈，行爲反常，相反的，這與你的恐懼息息相關。你能探索的程度取決於理解了多少根本上的恐懼，我會說是取決「理解」，而不是「克服」了多少根本上的恐懼。如果你能從理解多少根本恐懼的角度去做這件事，就不會超過自己的能力所及。

所以，奇怪的是，我們可以說，狂智是膽小或懦弱的，懦弱孕育了狂智，周全的考慮是勇氣中的優點。

狂智不像是我們在別處討論到的有關「道」的其他概念。舉例來說，行者在菩薩道上老化成熟、長大成人，從初地到二地乃至十地，最後到達第十一地，佛果或正覺。菩薩道的教法建基於老化成熟、長大成人、獲得愈來愈多的經驗上。行者收集波羅密多，一個接著一個，你得到資訊、理解，把自己的境地逐漸加高，終而成爲偉大的學者，就某種意義來說，成爲一個偉大的佛。然而，說到蓮師的例子，正覺和了悟並不是從收集東西、收集經驗而來，蓮師的風格是作爲一個自然興味的幼兒，純粹地體驗各種生命的情境，樂意永遠當一個幼兒。對於這個法則，大阿底瑜伽傳統發展出一個特別的名相——「童子瓶身」（youthful prince in a vase，藏：gzhan nu bum sku，讀音 shönu pum ku）。

瓶子本身代表的是胚胎孕育的狀態——既是胚胎又是青春活力的。打破瓶身則是逆行三身的法則。你已經有了法身，當瓶子打破時，你則回歸報身和化身，你回到了人間。這有點像是禪宗的牧牛圖，直到「雙泯」的境界時，沒有牛，也沒有牧牛之事，你就回到世間❶。

所以，此處的重要關鍵是證悟的青春活力，這份青春之力是經驗的當下性，那個「探索」的品質。

「但持續探索的過程不就是會讓我們老化成熟嗎？」我們或許會這麼問。我們必須投注許多能量來摸索，難道不會變成像是歷盡滄桑的老旅人嗎？從狂智的觀點來看，並非如此。探索並不會讓人筋疲力盡。你可能必須一而再，再而三地重複做一些事，但是每次都會發現嶄新的層面，讓你更加年輕。

這樣的發現關乎於餵養你的能量，這能引導你的生命到達完整健康的狀態。如此，每一次的探索都讓你得到新生的健康，你不斷回到自己對世界和生命的經驗的更新層面上，因此這整個狀態時刻都在讓你返老還童。

這個美麗的孩子蓮花王，現在被驅逐出境了，流放到因札菩提王城外的邊拓，在墳場和荒地中生活，與毒蛇、老虎等猛獸相伴。故事暫時說到這個部分。

弟子：「童子瓶身」已具備法身的特質，這麼說，打破瓶子是開始讓他回到化身嗎？

創巴仁波切：是的，這是在逆轉三身。

弟子：蓮師一出生就已經是法身一般？

創巴仁波切：是的。然後他下降凡間，那個地心引力是大悲。一旦你是法身了，就不能只是待在那兒，你要透過報身和化身回到世間。

---

❶仁波切在此處說明的童子瓶身，其法則與傳統上的表述角度有所不同，但逆向思考的話，可看出他所要表達的逆向意義。反過來看的話，也可以有最終的「見山又是山」的境界，然此山非彼山。

弟子：我曾經在《那洛巴的生平與教法》①這本書中，看到您舉的「刀鋒上的蜂蜜」的隱喻，但這例子在那本書中，是與四聖諦有關的一種明喻或直喻，藉此描述應該避開的痛苦，或說，證悟者知道已經在那兒、卻都會去避開的痛苦。您此處隱喻的方式是否意味著，從蓮師的觀點來看，四聖諦不再是四聖諦？

創巴仁波切：這只是契入眞諦的不同方式，但其實也沒有那麼不同，不過我們可以說，二者都很眞實純正。此處，痛苦不再被視爲是一種需要被避開或丟棄的東西，而是被視爲眞諦，這樣明白我的意思嗎？

弟子：就是你所嚐受到的。

創巴仁波切：是的，就是你像幼兒般探索一切事物的微妙處時，所嚐受到的。

弟子：那樣的探索必須是痛苦的嗎？

創巴仁波切：此時痛苦是自由無束的，我們不再看待各種經歷是痛苦或快樂的，它們就是它們。

弟子：您說那孩童是無畏的，後來又說懦弱是道，這不是很衝突嗎？

創巴仁波切：在這個階段，此二者相當於同一件事。你無所畏懼是因爲你不再去超過自己的極限，你就是「如此實在」地無所畏懼，因此同時你也是個懦夫。這或許有點難以明白，不知道我講的是否夠清楚。

弟子：我有相同的問題。當您告訴我們，「這取決於你自己」時，聽起來我們對自己的極限似乎是可以有所選擇，幾乎像是我們自己把它製造出來一樣。

創巴仁波切：在我看來，這沒什麼不可以的，因爲你的極限就是「你的」極限。

弟子：這感覺起來不像是「我的」極限，而是一路走來自己慢慢發現的東西。

創巴仁波切：是的，你得自己去發現，所以你一路走來就開始創造出這些。

①那洛巴的生平與教法，賀伯．關特（Herbert V. Guenther）英譯。西元 1963 年牛津大學出版社出版。

弟子：您的意思是，如果我想要，我也可以發現其他的極限？

創巴仁波切：正是！這就是重點。

弟子：那麼超越這些有什麼意義呢？您的意思似乎是，狂智並不鼓勵我們去超出這些？

創巴仁波切：沒錯。

弟子：超越這些是否像是進入一種徹底恐懼的境界之類的？

創巴仁波切：這其實很簡單，幼稚園級別的問題。你所謂的「超越」極限只是在虛構一些狀態而已，而不是眞正在超越你的極限；這只是在創造一個夢世界而已。

弟子：您是否在虛構極限和比較眞實的極限之間做出區別？

創巴仁波切：這樣說也沒錯。

弟子：所以我們不應該試圖去超越那些比較眞實的極限，是嗎？

創巴仁波切：你再怎麼樣也無法超越這類極限的。它們是眞實的極限，你無法，你是無法理解它們的，這只會超出自己的負荷。

弟子：這麼說，試圖去超越這種自然的極限是沒有危險的，是嗎？

創巴仁波切：這麼說好了，人總是常常想要去探索一番。

弟子：那麼「探索」和「超越」，二者究竟有何不同？

創巴仁波切：二者不同點在於，你如果超出自己的極限，你就會受傷。你會得到某種警訊的。

弟子：所以，無畏在這個情況中，到底有什麼用處？

創巴仁波切：你想想，重點是，我們甚至無法信任自己的能力。通常我們都不相信自己，這就是無畏發生重大作用的地方，它讓我們得以盡情探索自身能力的完整範圍。但試圖去超出這個範圍是非常輕率的，這麼做只會讓你墮入毀滅的深淵。所以說，無畏並不是要你去做超出自身能力範圍的事，而是要你探索自身能力的完整範圍。

弟子：什麼會讓一個無畏的人停止探索他自身的能力？

創巴仁波切：會有某些警訊反餽到他身上。

弟子：那眞的會讓一個無畏的人不去超越，不去探索嗎？

創巴仁波切：此處的無畏還是一種受制因緣條件的情況，這種無畏者並不是什麼都嚇不倒他的。

弟子：這是否就是以懦弱爲智慧呢？

創巴仁波切：是的。

弟子：這是狂智之智慧的一部份嗎？

創巴仁波切：類似。如果把狂智誤以爲是完全毫無節制或狂野不羈，那並不見得是好事，不見得是健康的心態，如此只會把自己推入毀滅的深淵罷了。你知道的，大部分人都有這種觀念：想要狂野反常，就不斷去推進極限。

弟子：這樣的界線，似乎是以一種獨立於自我之外的架構而假定的，也就是說，這是超乎凡常的界線，我們不該去冒險刺探。

創巴仁波切：非必如此。這取決於你和那個架構的關係。

弟子：我從中得到的啓示是，我們應該對自己的極限有所覺察，避免去逾越這些極限而受到傷害。

創巴仁波切：不完全如此。這是關乎謹不謹慎的問題。

弟子：那又怎麼知道自己夠謹慎呢？這是個關鍵——你如何知道何時該進、何時該退？

創巴仁波切：你必須觀察和融入整個過程中發生的事。當你開始察覺自我欺騙的心態——「應該還可以更好吧」，你就已經開始產生恐懼了，因爲你尚未實際在那個領域中探險過。從自我欺騙的判別中，你會看到警告的訊息。

弟子：如何察覺那個自我欺騙呢？

創巴仁波切：這是很明顯的。只有我們自己會知道。我們是最親近自己的人，我們知道自己什麼時候在欺騙自己，什麼時候沒有。這並不需要有人教你，這是你和你自己之間才有默契了解的事。

弟子：或許老師有助於在某些方面激勵我們吧。

創巴仁波切：你已經對自己的世界很熟悉了。你已經有潛力重新發現自己的力量和能力。老師沒辦法隨時隨地跟著你，和你同處一個屋簷下，當你的枕邊人。你的老師不可能總是在那兒引導你，但是你自己的自我欺騙則無時無刻都在引導著你。

弟子：業力是法身時就開始形成嗎？

創巴仁波切：在這個觀點上，不同哲學派系有不同的說法。有些人說法身階段沒有業力的生成；有人則認爲法身階段就有業力了，因爲法身也是一個獨立的本體，而且有一種對涅槃的忠誠偏好（allegiance）❷。大阿底瑜伽上師龍欽巴會認爲業力在此階段就已經生成，所以我們這個宗派會說，業力在法身的階段已然生成。法身會因爲你已經具有的瘋狂錯亂，反過來給你一個明智的警訊。這就是一種互爲緣起的作爲，在那個階段，這相互依存的作爲就已經發生了。換句話說，陶藝家轆轤轉盤的（十二緣起中的）第二緣起（行），早就已經發生了。

弟子：爲何蓮師要選擇這麼極端的方式，表達他對皇室生活的不滿呢？爲何他要擲出三叉

❷創巴仁波切的一位資深筆譯者說明：

Scott Wellenbach：一般來說，法身與空性有關，但創巴仁波切的意思是，有人認為空性法身並非中性無偏的，而是有趨向證悟的偏好，它會自然朝之而去，並將業力朝那個方向去處理。（Often dharmakaya is correlated with emptiness, and Trungpa Rinpoche is saying that in this case, emptiness/dharmakaya is not neutral but has a bias toward enlightenment; it is oriented that way and it "works" (karma) toward that.）

Gerry Wiener：所謂的 allegiance，字面上是忠誠、忠貞。因此，法身對涅槃有著忠貞之心，我們可以理解為：法身比較偏好涅槃而不是輪迴。（Allegiance means "loyalty to". So, dharmakaya has loyalty to nirvana. One can understand this to mean dharmakaya tends to serve or favor nirvana over samsara.）

戟，拋出他的金剛杵，把別人的心刺穿，把別人的頭顱打破呢？他爲什麼不直接出走就好了？

創巴仁波切：出走聽起來像是一種逃避。如果他只是離家出走，只是被發現失蹤了，聽起來就像是一個可被一眼洞穿的人，害怕表達自己，於是就逃之夭夭了。蓮師可是個難纏的角色呢。

弟子：恐懼是否不同於投射？

創巴仁波切：恐懼既是警訊也是雷達。這通常是一種互爲緣起的狀態，不是絕對的，不是獨立於二元之外的。我想，狂智對恐懼的趨近，並不只是將恐懼視爲某種難題，而是領悟到它其實是很聰明的。恐懼有它自己的某種警訊，是值得著眼重視的。假使把恐懼當成障礙一樣打發掉，漠視它，那麼我們可能會遭遇某些意外。換言之，恐懼是非常有智慧的警訊。

弟子：我對恐懼的經驗是，它似乎是反應我的迷惑的最主要展現，其中日常經驗之一是，恐懼是一種謊言或陷阱，是一種巨大的能量陷阱。我只能努力不讓自己陷入恐懼所驅使的衝動之中。

創巴仁波切：你必須明白，重點是，你無法指揮或嚇走恐懼，而是必須尊重它的存在。你可能會試圖告訴自己，恐懼不是眞的，恐懼是虛假的，但這種方式非常令人質疑。最好的方式是培養出某種尊重，理解到煩惱也是一種警訊，而不是必須丟棄的垃圾。那就是關鍵的起始點——輪迴和涅槃無二無別的觀念。輪迴不再被視爲單單只是麻煩事，而是具有自己的隱含意義，值得被投以尊重。

弟子：我完全沒有丟棄輪迴的意圖，但同時也不想讓它成爲焦點，把它搞得神秘兮兮的。所以這是在不丟棄輪迴與試著放下它之間，非常微妙的平衡。

創巴仁波切：嗯，你已經有這樣的體驗，不需要問經驗者如何委婉地處理它。

弟子：我們似乎沒什麼選擇，恐懼的力量實在太大了。

創巴仁波切：那也沒關係。這麼一來，你就沒機會多想、或計謀對策，那就跳躍吧！

弟子：有一種恐懼會對自我造成威脅，就是當你的某個幻象覺得受到威脅時，這種恐懼和去超越眞實極限的那個恐懼之間，到底有什麼不同？

創巴仁波切：是的，有一種恐懼會威脅到自我。有一種恐懼是無法掌握或處理你所擁有的，有一種恐懼則是覺得需要比現在擁有的更多些。如果是對於處理現在所擁有的感到躊躇不決，可以藉由跳躍來克服；但是需要即興創作出更多餘興節目的，就是詭計欺騙。

弟子：就是以爲能超越自己極限的自欺。

創巴仁波切：沒錯。

弟子：我們可以把極限拋諸腦後而跳躍嗎？

創巴仁波切：如果可以的話，就跳躍吧，不這麼做的話也跳躍不了。能跳躍就跳躍吧。一旦跳躍了，自然而然就會回到原處（亦即回到你的極限的適當關係中）。除非你所做的是一種衝動的跳躍，這種情況下，你根本不知道自己在做什麼，你只是爲了娛樂自己而做，那就像是用藥過量一樣。

弟子：您之前提到的發現，和保持自己的空間感敞開，是相同還是不同的觀念？

創巴仁波切：應該是不同的。所謂的「發現」非必是某種東西的出現，而是一種樂於隨順境遇而做調整的心態，這比較屬於是事物的二元狀態。

弟子：在心靈旅程上，特別是當行者的修行到了高深境界時，常會想要去修持某種完全不熟悉的法門，您認爲這是否有助於保持好奇心，有助於我們的「發現」？

創巴仁波切：如果你對那個法門一無所知，就沒有什麼幫助。探索已經存在那兒的東西和探索尚未出現的東西，二者是有差異的。當一個孩子把玩利刃時，利刃已經在那兒，蜂蜜也已經塗在刀鋒上。但是當孩子開始探索外界，超出陽台邊緣時，陽台外邊兒什麼都沒有，只有往下掉落的份。那只會自我毀滅而已。

弟子：說到狂智，爲何有人會變成「倉瘋子」，有人卻變成像您的上師一樣的人呢？

創巴仁波切：這僅僅取決我們自己的展現，以及自己看待事物的方式。這關乎於我們自己準備好面對什麼。我的上師當時是倉瘋子的觀眾，而我則是我的上師的觀眾，我當時沒那麼瘋，所以他也沒那麼瘋；相反的，倉瘋子當時瘋透了，因爲我的上師也夠瘋，能夠和他瘋狂互動。

日光上師（Nyima Öser）

10

死亡與經驗

年輕王子對生命境遇的探索，和某種永恆之意息息相關。探索生命的境遇就是與世界為友，而與世界為友則必須能夠看待世界是值得信賴的，因為當中有著某種永恆的東西。談到所謂的「永恆」時，此處並非意指某個特定實體的永恆性不斷延續下去，就像是恆存主義者所主張的哲學信念一樣。就此而言，連「中斷」的狀態都是永恆的一種表現。但在討論永恆之前，先探討「死亡」應該更好。

死亡是一種孤寂的經驗，死亡時，我們的習性無法依照自己所希望的繼續存在下去，習性會停止運作，一股新的力量，新的能量接管了我們，這個新的能量就是「死亡的狀態」，或中斷。無論從任何角度，都不可能接近那個中斷狀態。你無法和那個中斷狀態溝通或妥協，因為那股力量完全無法被取悅，也無法和它套交情，你騙不了它，也無法勸說它做什麼。它是如此猛厲且毫不讓步。

這個無可妥協的狀態也阻擋了對未來的期待。我們有計畫，企劃著各式各樣的目標。即使我們對生命厭倦了，仍舊希望可以彌補那個無聊厭倦。我們無時無刻都希望從生命的痛苦境遇中生出什麼更好的東西，或者期待會發現某種延長快樂境遇的方法。但是，死亡的力量是那麼巨大、有機且真實。

大限來臨之際，你的醫生、家人或密友可能不會老實告訴你，你就快死了，他們可能會覺得難以啓齒。但是他們會表達出某種無聲的憐憫，這背後隱藏著某種意義。

在這個世間，大部分人都不想與瀕死的朋友有所接觸，不願意把朋友的死亡經驗視爲個人的經驗，而是將死亡視爲一種共有的難堪窘迫，一種大家無意談論的共有的悲劇。如果我們所處的圈子比較超世俗，我們或許會去告訴一個即將踏上黃泉路的朋友：「你快死了。」但同時我們也會試圖說服他：「這其實沒那麼糟糕，你沒事的。想想那些關於永生或永恆的教言，你已經聽過很多了，多想想這些，多想想上帝和救贖。」再怎麼樣我們都不想一針見血說出重點，不想去談地獄或中陰的受苦經驗。我們努力想要面對事實，但所採用的方式卻是那麼難堪。雖然我們有膽說出某人要死了，卻又說：「不過你會沒事的，大家都很正面看待這件事。我們很愛你，帶著我們對你的愛，讓我們的愛幫助你好好離開這個世界，好好死去吧。」這就是我們對死亡所抱持的〔迴避〕心態。

我之前解釋過，死亡的實際經驗就是停止存在。你日常生活中的例行公事停止運作，然後你變成另一個東西。無論你信或不信輪迴投生，這個經驗的基本影響都不會有所不同：死亡就是「你正在做的一切事情中斷了」。你即將遠離現在的伙伴，你還沒讀完的那本書讀不完了，正在上的那些課程也上不完了。或許相信來世的那些人會告訴你：「你再回到世間時可以繼續讀完那本書，你會回來跟我們在一起，或許你會成爲我們之中某人的孩子，想像這各種不同的可能性。」他們通常會說這些話，信誓旦旦地說，你會回到上帝身邊，或再次回到世間完成未竟之事。

這些話語之中有些懸宕而不宣的意味兒，即便我們相信永恆或再生，其中依然含有某種恐懼，一種共有的恐懼。面對死亡，我們感到恐懼或難堪，它總是令我們感到不愉快，即使你正在爲你那彌留的朋友唸《西藏度亡經》①等書的某個章節也一樣。你可能會告訴朋友：「雖然你正在經歷的過程很可怕，但更棒的事還在後頭。現在你將會實際經歷到《西藏度亡經》描述到的經驗，我們會在一旁協助你！」但無論我們嘗試什麼，無論試圖描繪出什麼正面的寫照，總是有什麼感覺不太對勁。

令人驚訝的是，許多人，特別是西方人，初次讀到《西藏度亡經》時都覺得十分振奮。根據這個現象，我的結論是，因爲書中內容作了大量的「保證」，讓人感到一陣精神抖擻。大家迷醉於《西藏度亡經》所作的保證，這樣的迷醉幾乎抹滅了死亡本身。長時以來，我們不斷在尋找某種方法來抹滅自己的苦惱，包括死亡本身。富有的人爲買棺材擲下重金，以化妝品和上好衣飾來打扮屍首，舉辦昂貴的葬禮，試盡一切方法來泯滅與死亡有關的難堪尷尬。這就是爲何《西藏度亡經》如此受到歡迎，被人們奉爲圭臬。

大家對輪迴轉世的概念同樣也抱以鼓舞和興高采烈的心情。幾十年前，當輪迴轉世的概念初次（在西方）成爲潮流時，大家都很興奮。這其實就是另一種抹滅死亡的方式。「你的生命將會延續，你還有業債要還，還得回來與老友相聚，或許你會投生成爲我的孩子呢。」但就是沒人想到他可能會投生爲一隻蚊子，或是寵物狗、寵物貓。

我們一直以來談到的面對死亡的方式，非常奇怪，極端奇怪。

在討論到金剛總持所發現的「永恆」，這蓮師的下一個面相時，我們並非將之視爲擊敗死亡的勝利，它也不是對死亡的苦惱的某種替代品，或其他類似的狀態。「永恆」在此處的意思，與對生命眞相的眞實觀照息息相關。痛苦存在，快樂存在，世間的負面狀態也存在，然而你仍舊可以與之互動交流。根本上，發展或培養這種永恆之心就好比交朋友，我們可能會不管

①福蘭西斯卡．福列芒多（Francesca Fremantla）與邱陽創巴仁波切（Chögyam Trungpa Rinpoche）翻譯：《西藏度亡經：中陰聞即解脫》，在波士頓與倫敦由香巴拉出版社一九八七年出版。

某人的惡劣品格而將他視爲摯友，而事實上，這其實也是彼此會成爲朋友的原因。

以這種態度與永恆互動交流，就是成爲生命之王，生命的統治者。如果生命的統治者是一個貨眞價實的統治者，那麼他的疆土也會拓展到死亡上。所以，生命的統治者就是生與死的統治者，而這位生命統治者亦即我們所說的「金剛總持」。

從自己的王國流亡出來的年輕王子，忽然決定前往荒涼的屍陀林，修持「永恆」的根本教理，也就是一般所熟知的「大手印」法門。此處的大手印體驗是去體驗現象活生生的品質，這意思是說，屍陀林的場景全都是「寫實」的，地上散落著骨骸、屍塊，那兒還有各種野獸、烏鴉、豺狼虎豹等。

在屍陀林，年輕王子發現了生命的新道路；更確切的說，是生命的新道路找到了他。我們可以說，在這個階段，蓮師正式成爲一個實在的人或老百姓，因爲永恆之力帶來了無可毀滅性，這種無可毀滅的意思是，沒有什麼能夠造成威脅，也沒有什麼能產生慰藉。這就是此處所說的「永恆」，死亡不再被視爲威脅，蓮師面對死亡的體驗，即是生命其中一個層面的體驗。他並不在乎要不要延續自己的個性身份或存在，我們可以說，這條道路勝過瑜伽士或成就者的道路，它更像是佛的道路，因爲這些經驗並不被視爲什麼成就——它們不是什麼新發現，不是勝利，也不是某種復仇的形式。這些經驗只是發生了，因爲就這麼發生了，蓮師融入其中。於是，蓮師這個金剛總持成爲生死之主、金剛的持有者——也就是不可摧滅之能量的持有者——報身佛。

蓮師接下來的旅程，讓他變得渴望探索各種不同的教法，想要接觸當時世界的偉大導師們。他前去拜見大阿底傳承的頂尖上師之一，師利星哈（Shri Simha），據說剛從泰國（即錫安 Siam）❶來此，當時住在另一個屍陀林的山洞中。蓮師的報身面向金剛總持，前去請示師利星哈大師，如何將經驗感消除。大師將蓮師縮小成一個吽字，這代表著洞察或洞穿。我們並不企圖消融我們的經驗，或將之視爲顛倒錯謬的狀態，而是去洞穿這些經驗。各種經驗就像是一個到處都是洞的容器，意思是，這個容器並不能提供適當的庇護，適當的慰藉。洞穿它就像是刺穿了樹下舒適的吊床一般，過去躺下時，接下來你會發現自己狠很摔到地面上。這就是種子字「吽」的洞穿。把蓮師縮小成一個吽字之後，師利星哈把他吞下喉嚨，然後從肛門把他排出

❶錫安，又名「暹羅」，為泰國舊稱。關於師利星哈所來處衆說紛紜，有說來自漢地、中（南）亞或印度，此處仁波切所引用出典不明，然我們在文獻中可確定的是古錫安與中國、藏地皆交流密切，在第八世紀時更是多所紛爭。

來；這把蓮師引導至化身的體驗，也就是能夠徹底完全地洞穿現象世界，將信息傳動到現象世界。

在除滅自己的存在感且證得「永恆」之後，蓮師現在發展出洞察的能力。（當然，他並不是眞的在發展什麼能力，而只是在經歷各個階段，現在所說的蓮師生平故事，是相應於我們所造作出來的他，並不是要表達他眞的做了這些事）。這時，蓮師成了爲人熟知的，能夠掌控時間、操控日夜和四季的大瑜伽士。蓮師的這個瑜伽行者相，即稱爲「日光」（Nyima Öser）。日光上師洞穿了時間、日夜、四季的一切概念化造作，此相的畫像中，他手中以光線作爲拴繩，握住太陽。

這裡所要表達的觀念，並不是在說，某種微妙體驗的成就能把你帶到完全的禪定之中，讓你完全感受不到日夜和四季的差別；而是在說，對日夜和四季、抑或對苦樂等等的概念化心態，已經被洞穿了。通常，日夜和四季帶給我們某種慰藉，因爲這給我們一種與實相有所互動、與四大元素有所互動的感受：「現在正在經歷夏天，現在正在經歷秋天，現在正在經歷冬天，現在正在經歷春天，活著眞好！生在這地球上眞好，這眞是人類的最佳居處，是眞正的家！喔，現在時間晚了，晚餐時間到了。健康的早餐是一天的開始。」諸如此類等等。我們的生活形態被這些概念所統治，我們隨著時間的推移進行各種活動，而處理這些就好像在在吊床上游泳一般，好一張飄浮在開敞空間裡的舒服的床。但是日光上師卻刺穿了這張床；現在，你不能再安逸浮游，享受美好時光，在空中舒服打盹了——這就是此處所說的「洞穿」的品質。

弟子：你在吊床上舒服打盹，然後你穿透這張吊床舒適的表象，結果是什麼呢？站起來嗎？

創巴仁波切：你發現自己站在地面上。

弟子：但是警醒的，是嗎？

創巴仁波切：是的。其中一個品質似乎就是一種醒覺，而不只是禪定。

弟子：如果蓮師是個可以掌握時間的偉大瑜伽士，這是否表示時間無法像控制我們一樣控制住他？

創巴仁波切：這其實和控制時間或被時間控制沒什麼關係，而是發現沒有時間的存在，發現永恆。如果把它轉譯成比較通俗的語言，勉強可以說是「控制時間」。

弟子：您不斷重複強調蓮師不是在學習，而且某種意義來說，是遍知的。我不明白爲何不把他視爲一個凡人即可，就像是我們任何人一樣，在不同階段學習到不同東西。

創巴仁波切：我們同樣可以善用這個方式來看待自己的不同階段。我們的心靈發展——不管你想稱之爲何，本來就是一個無所學習的過程，而不是收集各種新經驗的過程。蓮師的風格是摘下面具、無所學習，現象的層層覆蓋一一被移除。

弟子：所謂的摘下面具或無所學習的過程，聽起來像是一連串的死亡。爲什麼這個過程必須這麼痛苦不堪呢？爲何不能像是某種解脫的境界，喜悅充遍呢？

創巴仁波切：這其實是喜悅的，或許是我們太怨天尤人了。我們總是比較察覺到黑暗的張力，而不是光明的亮麗。

弟子：看起來，面對死亡的適當方式似乎就是不要有什麼對策。在進入不需對策的境界之前，是不是得棄捨恐懼？或者可以直接就面對恐懼？

創巴仁波切：恐懼其實是很有趣的東西，它具有洞察力，也具有易受驚的盲目特性。所以，如果你斷捨想要證得什麼的希望，那麼契入恐懼就等於是契入洞見。從恐懼本身之中，自然而然生起方便善巧，因爲恐懼似乎含有極爲豐富的資源。事實上，恐懼是絕望的反面。但是恐懼也有著驚慌的成分和聾啞的特性——你知道的，盡力就好。但是不含希望的恐懼，應該是非常具有洞察力的東西。

弟子：恐懼具有洞察力，是因爲它明白指出你爲何一開始就害怕嗎？

創巴仁波切：不盡然如此。恐懼有它自己直覺的層面，超越了單單邏輯性的結論。它擁有自然存在（自生）的豐富資源。

弟子：可否請您說明？

創巴仁波切：當你連結上你的恐懼時，你就會發現自己已經跳躍了，你已經躍入空中，你了悟到這點，然後你就變得豐盛富饒。

弟子：我們不都在這麼做嗎？不都是在空性中擁有無盡資產嗎？

創巴仁波切：但我們並沒有意識到自己已經在那半空中。

弟子：仁波切，您說遠離希望的恐懼是有智慧的，其他強烈情緒也是如此嗎？

創巴仁波切：其他情緒絕大部分都是希望和恐懼組合而成。希望和恐懼代表了二元之間的拉扯，而所有的情緒都由此所構成。情緒是二元拉扯的不同面向，它們全都是由對某事物的希望和恐懼所產生——拉扯、吸引或抵擋。

弟子：恐懼是否表示，你對那個害怕的對境同樣有著某種欲望？

創巴仁波切：是的，一點也沒錯。但是當你了悟到，根本沒有什麼需要欲求的（你也知道，欲望就是恐懼的希望面），當你有這樣的覺悟時，你和你的恐懼就會被赤裸裸孤伶伶地拋諸腦後。

弟子：所以就是要遠離希望地連結上恐懼，但這如何做到呢？

創巴仁波切：就是要無所求地面對它、與之相處，然後情況就會自然而然地被激化或變得澄清。

弟子：相同的方法可以用在憤怒上嗎？假設我生氣了，與其將憤怒表現出來或壓抑下去，我就是去面對它、與之相處是嗎？停止憤怒，然後去面對那個念頭的過程是嗎？

創巴仁波切：不是停止那個憤怒，你就是那個憤怒。憤怒就是以本來面貌在那兒，那就是在面對憤怒、與之相處。如此一來，憤怒就會變得鮮明且失去方向，然後消融成一股能量。面對憤怒或與憤怒互動的意思，無關乎是否對他人表現出你的憤怒。以藏文來說是「讓薩轄克」（rang sar shak），也就是「留置於原處」的意思，我們讓憤怒待在它自己原處。

弟子：我還是不明白應該對一個快死的人說什麼。

創巴仁波切：我就說嘛，死亡是非常眞實的經驗，但我們通常都不將它視爲眞實的經驗。如果遭遇意外，或者生活中發生什麼事，即使傷了我們，我們也不會視之爲眞實的經驗，對我們來說，它的眞實只在於痛苦和所造成的實際損害上，但它仍舊不是眞實的，因爲我們看待它的方式是立刻想到：如果事情不是這樣，該多好。我們永遠先想到搶救或進行其他補救措施。與瀕死的親友談話時，你應該灌輸給他一個觀念：死亡是一個眞實的經驗，而不只是一個玩笑，也不要騙他說他會好起來。常常聽到人們對瀕死的人說：「生命就只是一個大玩笑，偉大的聖人都說生命不是眞實的。既然生命不是眞實的，更何況是死亡呢?!」如果採取這種方式，我們自己就先亂了陣腳，然後又把這樣的慌亂灌輸給那個快死的人。我們其實應該幫助他們了解，死亡是眞實的。

11

獅子吼

我們之前談到了「永恆」的觀念，現在應該進一步做深入的探討。克服或超越經驗感或對經驗的概念（sense of experience），帶我們到達完全沒有二元對立的狀態。我們可以稱之爲「明智」（sanity）。蓮師「日光上師」相展現了有關時間的概念和心靈成就之體驗的明智。之前已經簡短說明了他的例子，現在我們繼續探討蓮師另一相：釋迦獅子（Shakya Senge），蓮師的成佛。

和蓮師此相相關的法則是，一旦行者克服了在相對世界中獲取什麼的想法，必定會一古腦兒投入與圓滿明智（正覺之心）的關係之中——而釋迦獅子，蓮師的成佛，所說的就是這點。以小乘的角度來說，釋迦獅子並非是佛，以大乘的角度來說卻是。蓮師的大乘相和獅子吼的音聲有關，在大乘教法中，指的是開演空性的教法，也就是究竟的明智。因此，蓮師的這個面向與究竟明智的表露息息相關。

你可能會問：「這究竟明智怎麼可能比克勝概念和經驗感更高超？還有更高超的嗎？那個難道還不夠嗎？」在這個階段，還有比那更加微妙的東西。克勝概念和經驗感意味著你已經向「宣告」的階段踏近了一步。你首先必須戰勝敵人，然後才能對外宣告你擊敗了他。做出那個宣告所指的就好比獅子吼，身爲佛的蓮師更進一步強調了這個明智。獅子吼並不是一種挑戰，而是一種莊嚴。它並非是關於是否完成此克勝過程的挑戰，而是說，當你獲得勝利，那個勝利帶來了凱旋的好消息，而宣告這個好消息就是獅子吼。

關於蓮師生平故事，所謂的好消息是究竟的好消息。這個好消息就是，心靈之旅從來就不需要去達成，這趟旅程其實早就已經達成了，因此根本不需要尋尋覓覓或試圖得到更深入的洞見——無需完成心靈之旅，就是這裡的好消息，就是獅子吼。這比大乘經典所教導的更爲甚深廣大。大乘經典談到，透過了悟「色即是空，空即是色」等等而證得圓滿明智，但是，我們現在討論到的獅子吼，相較之下更爲甚深廣大，之所以更爲深奧，因爲究竟的好消息超越了勝利，這才是究竟。

那麼，在這樣的脈絡中，蓮師示現狂智的風格又是如何呢？他就像是個宇宙君王，俯視著所有乘別，而不是仰望它們。

故事中說到，蓮師拜師阿難尊者，也就是佛陀的侍從與弟子，由阿難尊者爲他剃度出家成爲比丘，從而了悟了佛陀的言教。蓮師將佛陀弟子阿難尊者視爲上師，而非僅僅是戒師，這是個非常重要的差別。他將阿難視爲上師而不是授戒的師父，不是資訊提供者、不是教授師，也不單只是凡俗層面上的老師，因爲阿難尊者身居佛陀言教的直接傳承之中。將阿難視爲上師意味著，師徒相處的過程與教法之間有著活生生的關係。

此處蓮師的了悟也是我們可以理解的——表達和道出心靈之旅從來不需達成的那份威德之姿，是再眞實不過了；認爲我們需要去完成什麼心靈之旅，只是一種虛妄。從這個觀點來看，即使菩薩道的十地位階都成了謬論，既然根本沒有菩薩地的存在，又怎麼可能有十個菩薩地的位階？

以此方式來看待一切，即是赤裸直接的狂智——完全的直接不曲。這份直接，即是以佛陀坐在菩提樹下所證得的金剛喻定那般體驗，直接觸及明智、菩提心，這也是對佛性更有信心的一步。在這個階段，我們甚至不能稱之爲佛性，因爲說到佛的「本性」，自然暗示了某種本初胚胎的狀態，然而此處所說的，並非是還是胚胎的狀態，而是活生生的佛。蓮師與佛爲伍，發現明智。他將阿難尊者視爲喚醒他心靈的先知。

所謂的上師，並非是某個人把某種精神力量傳導給我們。上師只是提醒我們：明智本俱。所以阿難尊者只是給予一種提點，告知實況如此，也可以說，在這方面，蓮師也只是在提點我們。

我們或許會想，這個難以理解的體驗究竟是什麼，我們很難讓自己和這個體驗融合爲一。

我們可能會覺得，聽到這些內容就好像在聽人說故事一樣，如此這般的事情發生了，從此每個人過著幸福快樂的日子。然而蓮師的故事並非僅止於此。如果眞正去理解蓮師的生平故事，我們會發現這個體驗相當寫實且個人化，我們認出明智，然後明智自然而然到來。

認出明智是一種訓練，也可說是一種裝腔作勢，你假裝自己是佛，你相信你就是佛。我必須再說一次，此處所說的佛性並非胚胎孕育中的佛性，而是已經發生的活生生的佛果境界。起初我們必須採取這種裝腔作勢，也可以說是一種信念。就某種意義來說，這種信念代表佛果對我們而言，似乎不是眞實的，但我們試著相信它就是實相。某種程度的哄騙伎倆其實是必要的。然後我們就會發現自己逐漸被騙進證悟當中。

其實，教導過程的一部分包含了各種不同的招數，我們稱之爲「善巧方便法門」，這種說法聽起來比較委婉一些。

善巧方便法門是心靈修持傳統的一部分。傳承上師與弟子互動的行儀即是一種傳統的戒律。善巧方便法門不可或缺，因爲我們都習慣逃離這本性明智。弟子可能會覺得所謂明智過於廣大、過於刺激或煩人。我們偏愛有點幽閉的愚癡，溫暖舒適、令人感到安逸的愚癡。回到這種狀態中，有點像是爬回袋鼠媽媽的育兒袋一樣，這是我們慣常的習性，因爲直接認出明智實在太乾脆、太寒涼、太冷酷了。時間太早了，我們不想醒來，寧願回到床上睡覺；「回到床上」與心的虛妄概念有關，其實我們就喜歡這一味。我們喜歡陷入迷惑，在當中建造一個家，我們實際上並不喜歡明智或證悟。問題其實就出在這裡，而非在於我們不具備或達不到。假如眞的喜歡根本明智或證悟，我們應該就會興奮刺激地想要進入那個狀態。

這似乎就是蓮師身爲「釋迦獅子」的道路：他寧可選擇成佛。他前往拜見阿難尊者，向他請益有關佛陀的言教。他拜師阿難尊者，與上師一起努力，從而成佛。你可能會說：「這未免太快了吧！」然而，事實如此。

接下來是蓮師的另一個面相：獅子吼（Senge Dradrok），又是與獅子吼有關。這個名號的意思就是獅子的吼聲，字面確切的翻譯是：發出如獅子般的吼聲。在此相中，蓮師示現爲信仰的保衛者，一位偉大的幻師。

當時的印度發生了大規模的外道入侵，外道的梵文是 tirthikas，他們是印度教徒，之所以稱之爲外道或異教徒，是因爲他們相信二元存在——相信外在有一個眞實存在的神，也相信有一個阿特曼（Atman）❶是那個聖潔之神的受領者。

當然你可能會質疑這個觀點，認爲我們對印度教的神聖著作也應該抱持最高的敬意，特別是《吠陀經》等印度教的神秘主義經典。實際上，吠陀經的內容本身對事物並不特別有二元性的表達，其精神層面並不是那麼二元的風格，然而蓮師當時必須面對的難題，是那些相信二元字面意義的追隨者。他們誤解了神秘主義眞正的深度，卻相信有存於外界的神，以及存於內在的人我。但也奇怪，相信這種神我分離卻發展出強大的通靈能力，能展露各種神通，對於神秘主義的教法也能發展出技術性與概念性的理解。

面對這些外道，蓮師只是扮演一個自然不造作的媒介，扮演四大元素自然活動的媒介。舉例來說，錯用火爐的火，房子就會遭遇祝融之災，切蘿蔔時若分神，手指可能就會遭遇血光之災。這種對於自然狀態的漫不經心和錯待，就是所謂的「異教」或「外道」；與其如實地看待「無二元」的各種現存狀態，我們卻多少硬是要給它概念解讀一番，以便維持我們的存在感。舉例來說，相信上帝是一種確保自己存在的方式，唱歌讚頌上帝讓「你」稍感快樂，因爲「你」在爲祂唱誦讚歌。由於忠實觀眾——忠實的「受領者」存在，因此上帝也存在。從佛教的觀點來看，這樣的方式就是所謂的「異教」或「外道」。

❶此處的阿特曼指的是自我、個體靈魂。

當時，印度某些地區的佛教大寺院受到了印度教班智達的挑戰，印度教班智達來到佛教寺院和開示現場，許多佛教僧人很快就成了印度教徒，那眞是一場佛法的大災難❷。於是寺院邀請蓮師前來，邀請他的人說：「我們的智識似乎無法匹敵那些印度班智達，請您示現神通救救我們吧，或許這是唯一的解決方法了。」

蓮師來到其中一座寺院，一天，他用三叉戟指向印度教班智達居處的方向，製造了一場地震，五百位印度班智達死於山崩。

你會如何看待這件事呢？

人若不講道理，只會自取滅亡。我這麼說，不是爲了確保你沒對蓮師和他的行持失去信心，我並不是他的發言人，只想說：「無論蓮師做了什麼，他還是很棒的。」這純粹只是因爲他身爲四大元素的媒介，身爲自然不造作之過程的媒介，那些不合道理且人爲造作的元素必定因此被消弭。

前陣子不丹人試圖建造一條印度通往不丹的道路，稱爲「不丹國道」。他們努力修路，弄來了推土機，請來了印度造路專家，花了幾百萬盧比，造了一條美麗的公路。結果雨季一來，整條國道被山崩土石流沖刷殆盡。在山中開路，就是造成了自己與山嶺岩石的衝突，而大自然對這種干擾的唯一反應就是土石崩毀。這麼一來，又開始了另一個大把花錢的建案，不斷惡性循環。

上一次發生類似事件就是印度總統訪問不丹的時候。他們派了一架專機運送要獻給不丹國王與政府的禮物，結果飛機消失於雲霧間，墜毀在不丹的山中。就在印度總統結束訪問要回印度時，突然又發生山崩，好像在對他揮手道別一樣。

我並不是在說印度國王是持邪說的外道或異教徒，此處對所謂「外道」的定義是非常微妙細緻的。你若沒有和實相的自然本性保持和諧，就會讓自己成爲眾矢之的，成爲多餘的衛星，沒人支持餵養；除了你自己的資源之外，你不會得到其他燃料，由於你無法得到更多資源，不斷再生，因此注定死路一條。蓮師所殺的那些印度班智達就是如此。這看起來非常不慈悲、粗暴，但蓮師在此所代表的是實相的本性，而不是扮演了黑幻師或是白幻師。

看起來我們是學不到終結外道行持的方法。儘管教法已經世代傳承下來，無有間斷或曲解，乃至現今我們所擁有的是蓮師的完整教法，然而，沒有任何內容提到如何殺掉外道，根本

❷當時不成文的協議是，不同宗教的僧人之間進行辯論，辯輸的那一方得皈依勝方的宗教。

沒有這樣的教法。但是教法中的確談到如何自然不造作地做修持，談到對修持保持自然不造作的心態。這麼實修的話，教法的障礙者自然就毀滅了，其實這似乎就是此處要傳達的根本訊息，這儼然就是蓮師的「獅子吼」相。

弟子：四大元素也會自然不造作地保護不曲解教法的人嗎？

創巴仁波切：可能吧。

弟子：蓮師與四大元素相關的自然不造作行持，同於護法神眾的行持嗎？

創巴仁波切：是的，類似。但蓮師的行持還是稍比護法神更深奧。護法神只是某種提醒者，但是此處我們所探討的內容，蘊含著完整的訊息。

弟子：您稱爲「四大元素的活動」抑或「完整的訊息」，就某種意義來說，不就是業力嗎？

創巴仁波切：是業力沒錯，因爲其中有某種自然不造作的狀態運作著，但是也有一種「特別自然不造作」的狀態，這有著某種蓄意的性質。看起來似乎有兩種模式：一種是煤礦地區發生的山崩，另一種是發生在外道家園的山崩。

弟子：把自己「騙進佛果中」這件事，我完全無法明白。自欺聽起來很「不佛法」，這和您提到的欺騙自己、欺騙經歷的那種虛妄，是不同的兩件事嗎？

創巴仁波切：相當不同。自欺的虛妄必定是建築在複雜造作的概念策略之上，但把自己騙進佛果中則是立即的，就發生當下。

弟子：但我若在根本不懂什麼是佛的狀態下，告訴自己：「我就是佛」，那不是——

創巴仁波切：這並不要緊。其實這就是重點——我們不知道何謂「佛」。也許，那個不知道何謂佛，就是佛。

弟子：意思是說，根本什麼也不必做，還是需要做什麼？

創巴仁波切：決定權在自己手上。你必須發展出自己的系統。

弟子：這和信心有所不同嗎？

創巴仁波切：沒錯。這是一個快速的轉換，就好像把地毯從你腳下嗖地抽走一樣，或反過來，把你的腳忽地從地毯上拉開一樣。這是眞的可以辦到的。

弟子：那就像是絆倒滑跤一樣。

創巴仁波切：絆倒滑跤之前需要很多準備動作。但你若被捉弄了，它出其不意地發生，船過水無痕。

弟子：這和觀想與密咒修持有關嗎？

創巴仁波切：這個發生更爲當下且立即。這只是心態的轉換而已。你不是成爲佛，而是突然發現佛正在成爲你。

弟子：這和灌頂有任何關係嗎？

創巴仁波切：我想是的。這就是所謂的第四灌，是對當下的頓然引見。

弟子：這個觀點的轉換，似乎需要一個準備過程才會發生。

創巴仁波切：你自己必須樂意這麼做。那就是自由解脫，除此之外，別無其他了。關鍵在於你自己是否願意這麼做，這是重點所在。你必須願意讓自己投入其中，去經歷「你是佛」之後將會出現的各種不適。

弟子：您早先談到「永恆」，以及蓮師被變成種子字「吽」。被變成吽是否類似一種死亡的經驗？是否必須消失才能穿透經驗？是否必須死去？

創巴仁波切：穿透並不一定和死亡有關。被變成吽字的意思是，變成一個濃烈的人格。你成為一個濃縮膠囊似的存在，你被縮小成一個膠囊，一個非常濃縮的你自己。你變成只是一粒小小的沙，並不是消失了，而是被強化集中成一個點。

弟子：當師利星哈吞下蓮師、並屙出他來時，那還是蓮師嗎？

創巴仁波切：當然是。這類似於吞下一顆鑽石。當你把鑽石屙出來時，它還是一顆貨眞價實的鑽石。

弟子：「穿透」似乎和一種敏銳鮮明有關，就在你處於我執操控之中，某種東西以一種敏銳鮮明把你喚醒。

創巴仁波切：那個穿透煩惱心的敏銳鮮明，應該就像是雙刃刀一樣，同時切入兩個方向，如此僅存的就只有敏銳鮮明本身。這與針或斧頭有所不同，雙刃刀能同時切斷投射物與投射者。這就是爲何它有著瘋狂的層面：持刀者在切割所切物的同時，也會割到自己。這也讓整個情況變得荒謬可笑，因爲無人贏得勝利。仇敵被消滅的同時，防禦者也被滅除了，這是同時發生的，所以說，非常瘋狂。通常若是在抗爭什麼，應該是要取得勝利的，但此處卻沒這回事，雙方都被除滅，沒有任何一方贏得勝利，換個角度來說，這也是個雙贏的局面。

弟子：這似乎與空性有關。每一刹那都可以有一個間隔，然後好像又有另一種敏銳鮮明的狀態——

創巴仁波切：這相當不同。如果還存在某種間隔的意味兒，就不會有刀鋒來切割什麼。這裡說的是吽的自身永恆延續，從這個觀點來看，空性的體驗和狂智並不相同。相對於狂智，空性提供了一個居處，一個共同的家，一個安適的家，而狂智提供的卻是不斷的切割過程。密續法門與能量息息相關，但空性經驗卻只是智慧，不具能量的智慧，它是一個發現，一個經驗，某種安樂窩。

弟子：蓮師爲什麼想要成佛？我是想到您早先說的：我們其實不想要那個不舒服的狀態，我們想要的是幽閉和無明的安適感。

創巴仁波切：是的，我想，以輪迴心的角度來說，蓮師的動機是反常的，它違反了想要一個家的習性，違反了父母灌輸給我們的價值觀：「別光是靜坐禪修，你難道不想結婚，成家立業？」

弟子：但是難道沒有一種動機不是發自輪迴的角度，而是純粹依意願自身而存在？

創巴仁波切：反常（Outlandishness），野性（uncivilized）。

弟子：我們是否終究會發現那是自己的一部分，或是可以透過某種方式培養而來？

創巴仁波切：那就是我們必須觀察、必須查明的，沒有固定的處方或慣例。

弟子：我們是不是早已時不時體會到，這個「反常」就是生活的一部分，還是尚未體驗過？

創巴仁波切：我不知道。試試看吧。

弟子：您之前提到，是佛要變成我們——那個就是激發動機的要素嗎？

創巴仁波切：這裡頭也滿弔詭的。你對現況感到無比幸福快樂，然而同時你又覺得極其痛苦折磨，你不確定自己究竟想要維持這個舒適的現狀，或是不想待在此處，因爲它同時又是如此難受。你總是處在這樣的拉扯之間，這似乎就是那個動機了。你想要保持你的習性模式，但同時卻又覺得這些習性模式多麼單調無聊——這就是我們所說的那個動機了。我得說，我們不能將之定義爲什麼特別殊勝的東西，也不能說你正在往某個特定方向邁上什麼旅程，此時的方向是混亂困惑的。儘管，你對自己正在來或去「並不」感到困惑，然而，你「仍舊」想要針對眼前的境遇做點什麼，這就是佛性具感染力的特質，似乎總嘗試著由內透出它的光芒。

愛慧（Loden Choksi）

12

智慧與淨化惡業

蓮師的下一面相就稱爲「蓮花生」，貝瑪桑巴瓦（Padmasambhava）。不知爲什麼，「蓮花生」這個名號，變成蓮師這個人物的八相中普遍最受歡迎的名稱。或許格魯派的某些影響力悄悄潛入這個命名的過程也不一定。蓮師的西藏追隨者一般稱他「上師寶」（Guru Rinpoche）或者蓮花生（藏文：Pema Jungne，貝瑪炯內），也就是梵文的 Padmasambhava。所以說，蓮花生只是所有名號中的其中一個，這似乎是跟宗派分歧有關，某個宗派堅持蓮師並非什麼宇宙原則，而只是一個叫作蓮花生的班智達罷了。

無論如何，此特定面相的「蓮花生」是一位班智達，一位學者。他進入那瀾陀佛學院就讀，學習了三學處：戒、定、慧。三學處的內容相應於佛教的三藏（經、律、論）。律藏探討到戒律，經藏則是經典的根本言教，論藏則深入探討眾生的心理架構。

人們常問：「在心靈修道上，有沒有可能根本不必做什麼聞法學習？就不能多多禪修，從經驗中學習到該學的一切嗎？」很多人相信，如果多花時間靜坐，便不需要研讀經典或學習什麼。他們說，經過不斷禪修，什麼都會明白的。這樣的方法似乎有點偏頗，並未爲打磨智慧（慧）或規範自心（戒）留下任何空間，也不重視這個能讓我們避免沈溺於禪定的智慧；那種智慧能告訴我們應當捨棄哪些狀態，並帶領我們進入心靈的另一個層次。聞法學習和經典的研讀，對我們而言扮演了極爲重要的角色。這就是蓮師透過他的班智達相「蓮花生」所要教導我們的。

與這個智識或概念性理解有關的問題之一是，若是去尋找或試圖「想出」什麼答案、結論、邏輯演繹，最後通常會高估自己的看法。如果培養出這樣的習慣，那就有可能再也無法恰當地體驗現象，再也無法從教法中學到什麼，因爲我們變成了僵硬刻板的學者、書蟲，如果不先去了解修持的內容，可能會開始覺得那個修持不太安全妥當，因而總是必須先把理論讀透再說。這樣的心態有可能無止盡地延伸下去，最後演變爲：如果想要學習佛法，就得先學梵文，甚至也得學日文和藏文才行；最終變成如果不學好那些語言、不研讀相關文本，你連禪修都無法練習。

這個心態暗示著，學生應該變成超級學者；而當學生成爲成功圓滿的學者時，就證得了佛果。他知道所有的答案，他通曉一切——根據這個觀點，行者有這種遍知時，就是佛。

這種觀點把證悟者視爲學問淵博的偉大學者，實在是個誤解，也是另一個極端。證悟並非純粹是關於資訊的收集。舉例來說，如果一個佛不懂如何換雪地輪胎，那麼持有這類觀點的人或許會開始懷疑他——畢竟，他應該要是遍知者啊，如果他連換雪胎都不知道，又怎麼可能是佛呢？圓滿的佛應該要在各種知識領域都讓你心服口服才對；他應該是個大廚師、好機械工、厲害的科學家、有才華的詩人、技藝精湛的音樂家……等等，他應該精通各種知識才對。至少我們可以說，這種對佛的概念是非常薄弱無力的，所謂的佛，並不是那種通識專家，也不是超級教授。

然而，概念理解的適當觀念，以及打磨智識，若不是爲了餵養我們車載斗量的資訊，讓我們成爲活動圖書館，又到底是爲了什麼？實際上，這是爲了培養我們在理解實相本性上的敏銳度和精確度，完全無關乎對邏輯推論或概念的戀棧。我們應當對教法的知識學習懷抱一種中性的心態，既不加以批判，也不一古腦兒埋頭苦讀，別總是要下什麼結論。學習的目的並不是爲了得到什麼結論，而是爲了讓我們能以合理且明智的心態經驗一切——這應該就是中道。（遠離「排斥智識的學習」以及「一味強調智識的學習」兩種極端。）

在智識學習上得到大成就，通常意味著養成強烈的主見，如果你是大學者，在智識有重大發現時，你的名字就會被大肆宣傳。然而，此處所探討的並非是什麼專業上的發現，而是在檢視和處理個人經驗上的發現。這樣的過程鍛鍊了你的個人經驗——經典上舉例，就如同檢驗黃金一般，被敲擊、火燒和錘打。個人經驗的處理過程中，你吃進、咀嚼，最後吞下、消化這些經驗，以此方式，過程中的所有一切都可以拿來運用，你並非只是把焦點放在精彩突出的部分，比如說把你的身份塑造成學問淵博的人，一個佛學家或西藏學家，諸如此類等等。

換言之，此處所需要的智識指的是一種沒有觀察者或守望者的狀態。我們在觀察自己的學習時，如果是觀察自己成長、進步，成爲學問愈來愈淵博的人，那麼我們就是在拿自己和「他人」做比較。我們的我執只會愈來愈厚重，因爲我們在用自己較量「他人」。反之，倘若經歷種種經驗或智識學習時，沒有那樣的觀察者或守望者，那就變得十分純粹直接了。這種沒有觀察者或守望者的智識，有一個品質類似先前提到的年輕王子的經驗：開放且樂意探索，沒有什麼特定的姿態，沒有意圖讓當下正在發生的事被其他經驗所取代，沒有意圖讓自己的愚癡被資訊所取代。就只是不斷在發現生命的新境遇，不斷在發現教法和經典如何看待這些境遇。這意味著我們在發掘佛法不同面向的微妙處和感受，也意味著了解教法的整個綜面，從而不被所謂的新法門、新智慧所迷惑。你不被迷惑，因爲你了解特定法門與人類心理學的哪些領域有所交集。如此，無論發生什麼與教法有關的事，都變得十分單純、簡單且易於處理。這就是蓮師身爲「蓮花生」所示範的修持。他成爲偉大班智達的方式，就是以沒有觀察者或守望者的狀態來鍛鍊自己的智識。我們也可以追隨他的腳步，以沒有觀察者或守望者的狀態來鍛鍊自己的智識。

你可能會問：「如果沒有觀察者或守望者，如何知道自己眞正了解所學習到的知識？」但我們應該知道，進行學習和理解的方式，並非僅只有蒐集資訊以便掙得新身份或高築自我。這並非唯一的方式，另有許多其他方式能讓我們博古通今、學富五車，要做到沒有觀察者或守望者是有可能的。

蓮師另一面相是「愛慧」（Loden Choksi），他是印度國師，梵文是惹吉咕如（rajguru），這是對印度皇室精神導師的稱呼。愛慧成爲國師的過程，是個很有意思的故事。當時他行腳四方，一天，來到了一座尼院，開始對尼院的住持傳法，尼院住持原來是薩霍國的公主，此國約位於當今北印度的喜馬偕爾邦地區。公主對這個王國來說彌足珍貴；原本鄰近多國都前來提親，包含泱泱大國中國和波斯，故事中甚至提到羅馬帝國，但是公主卻不爲所動，拒絕了所有世間權力和享樂，堅志剃度出家，也確實這麼去做了。薩霍國王非常擔憂公主破戒（這麼一來，剃度出家的事，就會被這些提親卻被公主拒絕的國家以爲是騙局，覺得受到某種政治侮辱），導致這些國家前來攻打。（因此，國王派了五百位尼師與公主生活在一起，守護她的戒體。）

總之，蓮師在那兒傳法給公主和五百位尼師，附近一位牧牛人恰好經過，聽到尼院傳出男人的聲音。消息很快就傳遍全國，鬧得沸沸揚揚，最後醜聞也傳到國王、王后和大臣耳中。他們希望能證實醜聞只是錯誤的謠言，卻找不到最初見證的牧羊人。於是他們在宮廷入口擺放了各式各樣的獎賞，通告全國，如果最初的那位見證人能把故事說清楚，便可取走黃金、銀子、珠寶、絲綢等禮物。牧羊人終於出現了，把來龍去脈交代清楚，聽起似乎眞的不是捏造的，他也沒有居心製造全國性醜聞。

國王派遣一位大臣前往尼院查明眞相。大臣到了之後，發現寺院所有門禁森嚴，所有的寺門都上了鎖，而且尼師們不讓任何人進入尼院察看。國王懷疑尼院內發生不可告人之事，於是派兵破門而入，發現蓮師坐在大殿的法座上，正在給尼師們傳法。

士兵們試圖逮捕蓮師，卻發現難以抓住他，一陣手忙腳亂抓他不住，根本就無法逮捕他。此時國王大爲震怒，派了一大隊騎兵前往尼院，終於逮捕了蓮師和所有尼師。

當時印度死刑的傳統方法，是以檀香木將罪犯活活燒死，因此他們把蓮師放在檀香木堆中央，點了火，把公主關在佈滿荊棘的地牢中。通常檀香木二十四小時之後就會熄滅，這次卻延燒超過二十四小時；焚燒其他罪犯通常沒什麼問題，但焚燒蓮師的火焰和濃煙卻延續了三個星期之久。國王和人們於是開始納悶起來，他們焚燒的這位遊方者，是不是可能有什麼過人之處。國王決定察看這位遊方者的遺骨，說不定會發現什麼有意思的神奇物質。他派了一位信使前往該火葬地，信使發現那兒突然出現了一座巨大的湖泊，那些木料還在湖邊燒著，湖中央長出一朵巨大的蓮花，蓮師就坐在蓮花上。

國王知道他犯了大錯，於是開始與蓮師對話。蓮師唱了一首歌：「歡迎大罪人，歡迎深陷迷惑的國王大駕光臨……。」國王邀請蓮師前往皇宮，蓮師最後接受了。根據蓮師生平故事，蓮師當時在皇宮內修了一座金剛界曼達的儀軌，結果，七年之內，整個王國完全「空」盡。這個王國的文明消失了，因爲人們都成了大瑜伽士，了解到執著凡俗的國事家事是毫無意義的。他們全都「瘋狂」了。

在這個故事中，蓮師的大國師相「愛慧」施展了神通。他的神通並不只是爲了轉化國王，這個神通也是威脅或指控出現時，蓮師面對它們的方式。愛慧展現了蓮師的無可匹敵；無論出現什麼困難、挑戰，在他眼裡都不成威脅，而是轉化爲行持的更多莊嚴。運用障礙作爲面對和處理生命各種境遇，這種方式在狂智中扮演了非常重要的角色。

已經接觸過狂智教法的人，對這個觀念應該再熟悉不過了，但是對於大部分人而言，它們認為心靈修持的基本精神純粹就是「好的」狀態，任何與之相反的狀態或障礙，都被視為魔障的展現。把障礙視為一種莊嚴是相當不尋常的，如果出現了對上師或教法造成威脅的狀態，我們通常立刻將之歸類為「魔鬼的傑作」。這種觀點認為，能不碰到障礙或威脅最好，應該把這些當成為壞的、與教法敵對的東西，馬上拋棄。你本該趕緊淨化自己，將這魔鬼的傑作剔除。你應該拋棄它，而不是看待它為當下境遇中，某種自然不造作、整體不可或缺的發展，從而去探索它。你就是純粹把它當成麻煩而已。

我想我們當中很熟悉這些教法的人，即使能從極微妙的層面來深入觀察自己，這個方法的某些元素可能依舊會隱隱作現。雖然我們了解哲學思想和觀點，我們知道應該去處理負面狀態，並以之為莊嚴，但心裡老是想著是否別有他法，或仍舊企求某種隱諱的承諾或保證。

事實上，我們的學生之中有很多這樣的情況。大家嘴裡掛著說要以惡業或負面狀態作為生命境遇之提升，但是他們還是把這個方法本身視為一種替代方案，用以解決負面狀態的麻煩。即使是老弟子，無論是公開課程或私底下，也還是不斷在問那些基本上只是某種替代解決方案的問題。大家依舊堅信還是有某種「最好的方法」，還是有某種能皆大歡喜的方式。儘管我們都知道自己應當將痛苦和逆境視為修道的一部分，我們仍舊將「它」當成一種得到快樂的方式，一種解決問題的方式，一種更好的替代方案。假使我們是身爲國師的的蓮師，我們就會在自己被焚燒之前，試圖與前來捉拿自己的衛兵談判，我們會說：「你們大錯特錯了，切不可如此，你們根本不知道自己在做什麼。」我們一定會這樣做，而不是讓事情自然發生，或讓作爲或行持代替言語來發聲。

我們普遍的處理方式上，仍舊含有某種膽怯。之所以膽怯是因爲，無論教法說的有多麼微妙或顯而易見，我們還是無法與「苦樂無別乃莊嚴，飾以莊嚴樂陶然①」的觀念同步一致。我們或許會去讀這些教法，嘴上談論這些內容，但我們仍舊覺得去扭轉那些曲折是很了不得的，我們覺得那些慘痛的經驗或負面狀態是好的：「我們得去面對、處理它。沒錯，其實我一直都在這麼做。最近我心裡和生命中，不斷發生各種劇烈難受的經驗，感覺不太愉快，但我覺得這一切都很有意思。」其實我們心裡還懷抱著一絲希望。認爲負面狀態「很有意思」的概念，意味著我們總有一天會經由某種狀態得到救贖；其中不言而喻的是，最終這一切都會變得美好愉悅。這心態非常微妙，幾乎就像是有某種不約而同的共識：每一條道路終究都會通向羅馬。

即使正在探討狂智這最殊勝的教法，我們卻還在小乘心態上做掙扎，還一廂情願地認爲，這個狂智或許會帶領我們到達快樂幸福的境地，認爲金剛乘的枴杖或許能幫助我們走上一條順利的小乘道。這顯示了我們尚未理解這整件事其實根本就是無望的，絕對的無望——但是連無望都被我們認爲是某種解決方法，終究還是有個藉口或推辭，我們仍不斷以爲有那麼一個不約而同的共識：無論怎麼說，我們都在爭取某種幸福快樂。但是蓮師在身爲國師的身份中，絲毫不在乎這些。他的態度是：「如果快樂會發生，就讓它發生，但如有必要，就讓我被處決吧。」

承認你自己就是個罪犯，就這麼承認吧！蓮師這麼做了，他像個罪犯一般被處決了，但是接著事情有了轉折。

把他人的錯誤認可爲自己的錯誤，看起來非常困難，然而，痛苦即是道。我們通常不想爲他人的行爲背黑鍋，總是急著爲自己澄清：「那不是我的錯。」我們無法忍受不公平的指責。我想這也是合情合理的，大家都不喜歡被指責。但假設我們決定承擔整件事，把種種指責攬在自己身上的話，會發生什麼事呢？這是一件非常值得發現的事，只要追隨蓮師的腳步就會知道（如果這麼說能讓你覺得好過一些的話）。

①摘自本書作者創巴仁波切所著《大手印儀軌》（*Sadhana of Mahamudra*），仁波切的弟子所修持的大手印儀軌。

這樣的態度非常有意思，這道理不見得是難以捉摸的，反而非常顯而易見。如果有點難以捉摸，那也是因爲這是欺詐妄念之轉折的轉折的轉折，也就是朝向目標的轉折。

弟子：請您詳細說明這個欺詐妄念的轉折。

創巴仁波切：好的，這點我們可以滔滔不絕說個沒完，但重點似乎在於斬斷自我申辯，好比：「一切都會很好的，『反正』總會有什麼報償的保證。」即使是「相信沒有保證」也是某種保證，這樣的扭曲或轉折一直在那兒。除非我們願意被不公平地指責，否則根本無法斬斷我們的欺詐妄念，這的確難以做到。我們願意爲自己撒謊，卻不願意爲他人而撒謊，我們根本不想幫別人承擔痛苦，或許只有某種情況除外，我們對自己爲之承擔痛苦的那個對象說：「你看，我正在爲你付出，這一切都是爲了你。」在舉手投降之前，你就是覺得應該告訴他什麼。

弟子：蓮師是佛法之獅。有人想要怪罪他所犯之錯，蓮師就說：「來吧，儘管抹黑我的名字。」我自己其實並不完全理解這點，或許，如果當時只有這個選擇，那終究有點道理，但看起來似乎還有其他行爲模式可採用；他可以選擇息、增、懷等方法，但只是對屈打成招似的指控直認不諱，看起來幾乎像是在逃避現實。我無法理解他在這個情況中的行爲到底有什麼智慧。

創巴仁波切：在這個情況中，就是因爲他沒有行使「懷攝」之力，整個情況變得更加有力量，他反而讓步，交付自己，但是他交付自己的方式是如此具有力量，使得他人自動從這情境中得到反餽，結果是，蓮師實際上並不需要親自把自己從那情境中抽拔出來，而是他人必須爲他這麼做。

對於身爲蓮師追隨者的我們，此處要告訴我們的寓意是，由於我們「不太常」運用這樣的技巧（這是保守說法），因此不妨放手一試。不需要過於概念化地說，對情境做出讓步是獨一無二的方法，這並不是重點。我們可以找到豐富多樣、不勝枚舉的各種方法，而這也是其中一個興味十足的方法，非常值得我們好好探索一番。我的意思是，面對生命的風格至少有八種，比如蓮師八變的每一項都有其特定的寓意，這只是其中的一種。

弟子：這樣的讓步、交付自己，是否也是耶穌基督的方式？就這麼讓當時的情境淋漓盡致的發生？

創巴仁波切：是的，顯然如此。他承擔了所有的罪過。

弟子：不去避免受苦的這種觀念，我不懂。如果我們不去免除痛苦，那麼四聖諦的滅諦有何意義可言？

創巴仁波切：滅諦中所說的痛苦的止滅，是從逆向的角度來看清痛苦，也就是說，從相反的角度來看，而不是指除滅它。

弟子：您的意思是說，最後會到達的是痛苦的相反面？

創巴仁波切：是的。也就是痛苦製造者「迷惑」的相反面。

弟子：看起來，無論是耶穌基督或蓮師，都必得運用神通來獲得最後的勝利。

創巴仁波切：非必如此。整個情境或許是自然而然地變成神通展現的狀態。

弟子：我指的是那座湖，還有蓮師坐在蓮花上等等。

創巴仁波切：那不一定是所謂的神通，而只是自然發生的狀況。由此起見，耶穌的復活也可以說根本不是奇蹟，那只是發生在耶穌身上的一個狀態而已。

弟子：說是奇蹟因爲那並不尋常，如果這樣也不是奇蹟，那麼什麼才是奇蹟？

創巴仁波切：要這麼說的話，我們現在所作的一切其實就是奇蹟，我們正在做的，對美國人而言是非比尋常的事。它就這麼因緣和合地發生了，並不是我們創造了這整個情境，但我們的聚會和針對此主題的討論，就是這麼自然而然地發生了。

弟子：仁波切，您提到以苦痛爲莊嚴，我覺得似乎是蒐集資訊和眞實體驗到其意涵之間的差別。但我不懂，如何確定自己眞的觸及了那眞實的體驗？

創巴仁波切：我們不應將這整件事當成一種去除自我的方法，而是應視之爲一個持續不斷的過程。不要蓄意去處理什麼，而只是讓它繼續下去，這只是非常平凡的一個事件。

弟子：「愛慧」（Loden Choksi）是什麼意思？

創巴仁波切：loden的意思是「具有才智或智慧」，choksi則是「無上世間」或「無上的存在狀態」。但名字在這裡似乎不像在八相的其他層面一般具有意義，例如，這就不比「獅子吼」和「憤怒金剛」那樣清晰彰顯出所蘊含的意義。不過這個名字的確和方便善巧法門有關。

弟子：您在這裡談到的一種直接的智慧感知，和其他種類的感知有何不同？

創巴仁波切：如果純粹只是想要找到答案，應該是不會感知到什麼的。想要正確使用智慧的話，就不要去「找答案」，而應該只是去「看」，在心裡作筆記。即使如此，你的目的也不是想要收集資訊，你只是將之看待爲智慧的一種表達，這麼一來，你的智慧就不會被外來的各種暗示所操控，反之，你已磨亮自己的智慧，從而得以直接面對和處理現下正在發生的事。

弟子：但，應如何分辨出這點和其他種類的感知呢？

創巴仁波切：一般來說，我們的感知混雜著各種不同的狀態，也就是說，我們的受制於條件的感知包含了意圖去吸引或去破壞的目的。這樣的感知蘊含著貪欲或瞋恨等等煩惱，與其單純地清晰照見，精確、鮮明地看著所有現象，那其中卻含有各種隱諱不明的動機。

憤怒金剛（Dorje Trolö）

13

憤怒金剛與三種傳授法

蓮師第八相是「憤怒金剛」（藏：Dorje Trolö），這是狂智最終極、最究竟的面向。提到蓮師第八相，就得先對〔傳統〕法教傳授的來龍去脈有些基本的了解。所謂「傳承」的觀念，與「加持（聖化）」（梵：adhishthana）❶之意的傳遞有關，所謂的「加持」或「加被」，意思是能量，你喜歡的話，說是「恩典」也可以。加持之力像是電流一樣，從三身上師那兒傳導到有情眾生身上。換句話說，狂智即是一種不斷流動的相續能量，流動時又不斷再生。而再生這股能量的唯一方法，就是使之發光發熱、交流傳遞，就是將之融入實修或體現它。加持與其他能量不同，其他能量在被使用之後，就走向止滅或消亡；但狂智的能量透過我們經歷它、實踐它的過程，而不斷再生。當你活出它時，它就自己又再生，你並不是為了死亡而活，而是為了出生而活。生活是一個相繼不斷出生的過程，並不是走向消亡的過程。

傳承傳遞這加持力的方式有三種。第一種方式稱為「補特伽羅耳傳」❷。此處傳承的加持能量是以觀念和概念的形式，透過口語來傳遞。就某種意義來說，這是一種較為粗糙或原始的方法，是屬於二元的途徑。然而，此處二元途徑卻能有所作用且值得一試。

當你裝著好像要禪修一樣，盤腿坐下，很有可能你會發現過一會兒之後，自己真的開始禪修了；就好像鞭策自己依樣畫葫蘆、把自己當成已有明智一般，結果真的獲得了明智。同樣的，不管是以口頭或書寫形式，我們也可以在使用語言文字、術語、圖像和觀念等時，當作它們就是究竟圓滿的傳授法門。作法是先引見一個觀念，然後反駁這個觀念的反義，最後是透過引經據典來融會這個觀念。

傳授過程的第一步是在初步階段相信某些事物的神聖性。傳統上，我們不可跨越經書、坐在經書上、或以任何方式輕賤經書，因爲經書記載了非常有威力的內容；傳統觀念上，如果輕賤經書，那就是輕賤經中所傳達的訊息。這是一種相信某種實體、能量或力量，相信某種事物活生生特質的方式。

第二種方式稱爲「持明標傳」❸。這是狂智的方式，然而是相對層次上的狂智，而不是究竟層次的狂智。這個方式是經由製造某些看似自發的事件，進行交流傳遞。這樣的事件看似清

❶傳統普遍譯為「加持」，第十七世大寶法王認為應更譯為「聖化」，方符合其義。

❷《藏漢大辭典》八世紀中，白瑪穹乃和比馬米札二人，在西藏對徒衆親自講授的內密三瑜伽訣竅，從此以後，口耳相傳形成的寧瑪派一支系名。

❸《藏漢大辭典》舊密所有不共的特殊訣竅，但以記號標誌指點介紹的上師傳承。

白無辜，但其中還是隱藏著某種教唆者，換句話說，上師將自己的頻率調整融入宇宙廣大的能量中（你愛稱之爲其他名相也可），然後，如果有需要製造某種亂象，上師便將自己的注意力轉向亂象，亂象於是恰如其分地自然呈現出來，好像意外或是錯誤發生了一樣。所謂的「標」指的是標記或符號，此處的意思是，狂智上師並不做任何凡俗層次上的宣說或教導，而是製造某種象徵或手段。這裡所說的標誌或象徵，並不是代表某種事物的東西，而是能呈現生命活生生特質的東西，並從中創造出訊息。

第三種方式稱爲「勝者意傳」❹，「意傳」指的是意傳承或心傳承。從意傳承的觀點來看，即使是製造情境的方法都顯的過於粗陋原始；相反的，此處發生的則是彼此相互的了解，從而創造出一種共通的氛圍，如此所要傳達的寓意或訊息便得以被理解。如果這位狂智上師是純正的上師，眞正的交流傳遞就會發生，而交流傳遞的方法既非透過言語，也不是經由標誌或象徵，反而純粹只是處於當下，那精確的狀態就被傳遞了。也許這個傳遞必須透過等待的形式——某種一無所得的等待。又或許這必須透過假裝一同禪修而發生，但卻又什麼都不做。意思是說，這可能涉及一段再尋常不過的關係：天南地北聊天氣、茶的種類，或者咖哩、什錦雜炒、養生膳食的作法，或者談談歷史、街頭巷尾的八卦等等。

那些急切獲得法教的人，可能會對意傳承狂智發生的形式感到些許失望。你前去拜見上師，滿心期待，他卻連一句話都不跟你說，忙著看報紙。為了意傳承狂智的傳遞，上師也可能製造某種高壓，透過某種強烈的氛圍讓整個環境充滿威脅，但又什麼都沒有發生，那樣的無所事事讓你離開時感到鬆了一口氣，慶幸自己不需要繼續留在那兒，但又讓你覺得在那段寂靜無聲或強烈的氛圍中，什麼都發生了，你的內在被觸動了。

比較起來，意傳承比較像是一種臨場存在，而不是發生什麼特別的事件，而且有著一種再平凡不過的特質。

傳統的灌頂中，意傳承的能量在第四灌頂的階段傳遞到你內在，這時，上師可能會突然問你：「你叫什麼名字？」或「你的心在那裡？」這種唐突的提問，當下立即斬斷你潛意識的叨絮絮，製造出一種〔與你原先心態〕全然不同的迷亂。你忙著搜尋答案，發現自己的確有個名字，而上師等著你告訴他，就好像你之前根本沒有名字，現在才發現自己眞有個名字一樣。意傳承就是那樣的一種唐突的時刻。

❹勝者為勝利者，指的是佛。

當然，這樣的形式也易於荒腔走板，如果上師只是照本宣科地追隨經論，而弟子也急切期待得到某種有威力的內容，那麼上師和弟子二者就會同時錯失先機。

意傳承的傳遞交流是法身的教法；透過標記和象徵（製造情境）來傳遞交流則是報身的教法；而透過語言文字來傳遞交流則是化身層次的教法。這就是狂智上師用來與具有狂智特質的弟子進行交流的三種方式。

這整件事並不如表面上看起來的那麼令人吃驚，然而，底蘊中卻有著善用實相之惡作劇面的一股暗流，而這創造了一種瘋狂感，或讓我們感到事物並不那麼堅實，因為這讓你的安全感受到了挑戰。所以，狂智的接受者——理想的狂智弟子——應該會感到十分沒有安全感、受到威脅。如此，你製造了一半的狂智，另一半則由上師所製造。上師和弟子二者皆受到了情境的驚嚇，你的心找不到任何可處理的參照點，一個意外、突然的空隙——一種困惑、迷亂被製造出來。

這種迷亂完全不同於愚癡的迷亂，這是發生在問題和答案之間的迷亂狀態，這是問題和答案之間的界線。問題出現，而你正準備回答此問題，這之間有一個空隙。你已經從問題脫離，而答案尚未出現。答案正隱隱浮現，你感覺某種正面狀態正在發生，但卻仍未發生。那是答案即將出生，而問題已經死去的一個分際。

此處有個非常奇特的化學作用，問題的死去和答案的出生之混合創造了一種不確定性，這是一種有智性的不確定，敏銳又好奇。這不像是我執愚癡的迷亂，完完全全與實相失去聯繫，因爲你已經生出二元，又不確定如何進行下一步，你是因爲我執的趨近二元而迷亂。但是此處並非是這種手足無措的迷亂，而是「某種狀態即將發生卻尚未發生之間」的迷亂。

憤怒金剛的狂智不近情理而有些專制，因爲智慧絕無妥協的可能。如果在黑白之間做出妥協，就會產生灰色，既非純白，亦非黝黑；這是一種悲哀的中性狀態，而非快樂的中性狀態，這是多麼令人感到失望。你會因爲它的被妥協而感到遺憾，感到徹底的悲慘。這就是爲何狂智不接受任何妥協。狂智的作風是把你吹捧上天，把你的自我堆疊到某種荒誕不經的程度，幾近喜劇般荒謬、超乎尋常的奇異程度——然後，陡然之間讓你崩盤，於是你摔落深淵，就像童謠蛋蛋矮胖子（**Humpty Dumpty**）一樣：「國王所有的馬和大臣，沒人能再把矮胖子拼湊完整。❺」

---

❺西方童謠：Humpty Dumpty sat on a wall, Humpty Dumpty had a great fall. All the king's horses and all the king's men, Couldn't put Humpty Dumpty together again.

現在回頭說蓮師憤怒金剛的故事，在西藏，一位當地神祇問他：「你最怕什麼？」蓮師答：「我最怕煩惱之罪。」恰好藏文的「罪過」dikpa另一個意思是蠍子，因此當地神祇以爲把自己化現爲一隻巨大的蠍子，就可以嚇倒蓮師，結果被蓮師縮小成灰塵般大小的蠍子。

西藏爲白雪覆頂的山巔所環繞，山裡有女山神十二位，護衛著西藏。當憤怒金剛來到西藏時，其中一位女山神拒絕歸順於他，逃之夭夭。她四處竄逃，逃到了山頂以爲可以逃離蓮師，卻發現蓮師已先她抵達，在山頂上跳舞。於是她往山谷奔去，又發現蓮師已經坐在山腳下，就在那個山谷與鄰近山谷的交接處，她再怎麼逃也逃不離蓮師。最後她決定縱身躍入一座湖，藏匿其中，然而蓮師又將湖水化爲燒滾的鐵漿，讓她變成了骷髏狀。蓮師神通廣大，現身各處，使她終於必須俯首稱臣。無處可逃其實還眞令人感到幽閉恐懼啊。

所以說，狂智的其中一個表現就是讓你無處可逃，狂智就在四面八方。

在不丹的虎穴，蓮師化現爲憤怒金剛，將他的空行母伴侶耶喜措嘉化爲一隻身懷六甲的母老虎，騎著這隻母老虎漫遊虎穴山巔，由於境內充斥著對自我和神祇的原始信仰，他如此示現以便調伏此境內的超自然能量。

因此狂智的另一個表現就是對超自然能量加以控管，而控管的方式並非製造更強大的超自然能量試圖征服之，這麼做只會挑起戰爭，如越戰一般耗費更多資源。你的反擊策略一出，就會有抗反擊策略的策略出現，接著又會產生對抗抗反擊策略的反擊，如此循環不休，因此關鍵並非在於製造出什麼超能力。控管原始信仰之超自然能量的方式，是去挑起混亂。在這些能量之間、在這些迷惑者的邏輯之間，加入更多迷惑。讓他們手足無措到必須暫停下來重新思考。這就好比守衛換班一般，在那個時刻，當他們開始重新思考時，狂智的能量就破繭而出。

憤怒金剛製造迷惑，用以控管原始信仰的超自然能量。他半印度、半西藏——長相是印度人，卻穿得像個西藏瘋子；手裡拿著金剛杵和七首，身體放射出火焰，還騎著一頭身懷六甲的母老虎，看起來怪異極了。他既非道地的本地神祇，也不是符合世俗眼光的上師；他既不是戰士，也不是國王；想當然爾他也不是凡夫俗子，以老虎爲坐騎被視爲某種謬誤，但無論如何他也做到了。他究竟是想假裝西藏人，還是另有目的？他並沒有特別在教導什麼教法，你也無法把他當成苯教的祭司或僧侶，他並沒有在傳教讓人改變信仰，那也不是他的風格。他就只是四處去煽風點火製造混亂，連當地神祇眾都被搞迷糊了，心煩意亂。

蓮師前往西藏時，印度人惶惶不安，看來蓮師已經決定只把狂智的教法傳授給西藏人，印度人驚覺失去了非常珍貴的東西，這對他們來說眞是天大的損失。他們對於身爲最高智慧的神聖高貴種性、最有資格接受高階教法而感到自傲，結果蓮師不傳授給他們，竟然跨越邊界前往野蠻國度西藏，決定將教法傳授給西藏人，不傳授給他們。印度中部烏塔普拉德什的國王蘇利耶·星哈（Surya Simha），派了三位阿闍黎（靈修導師）向藏王呈遞了一封婉轉的信息，指稱這個名為蓮師的人其實是江湖術士、是黑法師，印度國王警告藏王，讓蓮師留在藏地將對藏人造成莫大的危險，並建議藏王將蓮師送回印度。

有意思的是，狂智的教法只能在野蠻國度中傳授，因為那兒有更多機會善加利用亂象或快速的變化等等，你愛怎麼形容那個狀態都可以。

蓮師憤怒金剛之狂智的特點就是：一個上師是不會與任何人事物有所妥協的。你若膽敢擋路，那簡直就是找死。你若心生懷疑，他就會善用你的疑竇。你若是過度虔誠、過度依賴盲信，他就會做出讓你感到震驚的事。他對世間種種可議之事可是很認眞看待的，他所使的惡作劇都很大規模，極具毀滅性。

老虎的象徵也非常有意思，這和火焰和煙霧的概念有關。此外，懷孕的母老虎理論上是所有老虎中最兇惡的，她飢腸轆轆，有點狂野，完全不理性。你完全無法看懂她的心理，也無法合情合理地與之共處，她隨時可能把你生吞活剝，這就是憤怒金剛之坐騎的本質。狂智上師騎乘著危險的能量，孕育著各式各樣的可能性。這隻老虎可說是代表了善巧方便，狂野的善巧方便，而象徵狂智的憤怒金剛則騎乘於上，二者天造一對，地設一雙。

蓮師在西藏還有另一個不包含在八變中的一面；對藏人而言，蓮師是如父親般的人物，正因如此，普遍上都稱他為上師寶，他就是那位獨一無二的上師。蓮師愛上了藏人，無微不至地照顧他們（但這相當不同於傳教士愛非洲人的方式）。當時藏人是公認的愚蠢鄉愿，他們太忠誠、太講求實際，因此非常適合對他們引見那不切實際的狂野：拋棄田地、遠離家園、打扮成奇裝異服的瑜伽士在山林間漫遊。

藏人一旦開始接受這些事物即是明智的表現之後，就成了絕佳的瑜伽士，因為他們進行瑜伽修持的方式也非常務實；一如他們忠實地耕田，忠實地照料牲畜，他們也如此忠實地遵循瑜伽士的天職。

藏人不如日本人那般有藝術感，他們比較是絕佳的農夫、絕佳的商人、絕佳的魔術師。西藏的苯教傳統非常土氣務實，一切都與生活的現實面有關，連苯教的儀式有時也非常講求現實面，例如有一個神聖儀式是為了在山中生起能保暖的營火。但二十世紀的藏人在政治密謀過程中所展現的迂迴，似乎完全走了樣，這種貪腐和政治密謀由外界傳到藏地，特別是由印度高階種性哲學家和中國宮廷政客傳來。

蓮師的方式非常美，他的預言實際上預示了西藏之後的發展，包含貪腐在內。例如，他預言西藏最後將會被中國征服，漢人將在馬年進軍西藏，如飆馬一般奔闖藏區。果不其然，中國共產黨正是在馬年進軍西藏，修築了漢地到藏地的馬路，也在藏區各地開通了馬路，引進車輛。預言也提到一個重點，豬年時，西藏將會降級爲豬的程度，這裡指的是粗劣無文的信仰，外來的觀念將灌輸於西藏人身上。

蓮師的另一個預言提到，西藏末代的開始，就在上區省分倉地（Tsang）❻的家用品出現在下區省分的貢波（Kongpo）的時候。事實上，後來倉地恰恰就發生了大洪水，原因是高處的冰山掉落下方的湖泊中，整條布拉馬普特拉河（Brahmaputra River）❼氾濫成災，把沿岸的村落和寺廟沖刷而下，沿區人家的許多家用品因此隨著河水出現在貢波。蓮師的預言還提到，西藏末代的另一個徵兆是拉薩的布達拉宮山腳下，將會修築一座黃顏色的寺廟。事實上，第十三世達賴喇嘛曾經在禪觀中看到，應該在那兒修築一座時輪金剛寺廟，而所繪的顏色正是黃色。蓮師的另一個預言說到，在第十四個時期，布達拉宮的彩虹將會消失。「第十四個時期」指的就是現在，第十四世達賴喇嘛的時期。當然，布達拉宮正是達賴喇嘛的冬宮。

蓮師告知這些細節時，藏王和大臣們都非常驚恐難過，懇求蓮師幫助他們，「我們該怎麼做才能保住國家呢？」他們問道。「做什麼也改變不了的。」蓮師回答，「我們只能把現在傳授的教法保存起來，存放在安全之處。」然後便向他們介紹了伏藏的觀念。

蓮師將他的許多教法放進金銀所製的筒狀容器中，埋藏在西藏各處的適當地點，以便讓後人發掘出來。他也埋藏了一些私人物品：他自己的珠寶、藏王和皇室的珠寶，以及一些來自平凡農家的物件。他之所以會有伏藏的想法，是因爲未來的人將變得較爲不開化、缺乏訓練，人的智能會退化，不再能善用雙手，不再能製造出那種高藝術程度的物品。

因此，這些物件被埋藏在西藏各地，利用當時的科學知識來妥善保存羊皮紙和其他物件，而這些科學知識很可能是來自於印度。這些伏藏被包裹在層層保護之中，包含層層黑炭、白堊

❻詮以英譯 Tsang 譯音為地名「倉」。

❼布拉馬普特拉河字面意思是「梵天之子」，南亞的一條重要國際河流。布拉馬普特拉河的上游在中國境內，稱為雅魯藏布江，流入印度後稱為布拉馬普特拉河，流入孟加拉國後稱賈木納河。以水量來說，此河是南亞第二大河，僅次於恆河。

粉、以及其他含有化學元素的物質。此外，爲了安全起見，外面還有一層毒藥，如此，沒有正確掘藏知識的竊賊或其他人就無法掘出這些伏藏。這些伏藏後來被蓮師弟子的轉世祖古所發掘。他們在靈通禪觀中看到應該挖掘之處，將挖掘的過程設立爲正式的儀式，信徒和工人齊聚一堂，參與挖掘的過程。有時，也必須從岩石中將伏藏挖掘出來。

發掘伏藏的過程歷來有之，很多神聖的教法已經被發掘出來，其中之一便是《西藏度亡經》。

另一種保存智慧寶藏的方式，就是意伏藏傳承，由某些對這些教法有記憶的具德上師重新發掘，從其記憶中把這些教法書寫下來，這又是一種伏藏。

對藏人而言，蓮師如同父親一般，其中一例是他給藏王赤松德贊的警告。當時正要舉行新年慶典，傳統活動中包含了賽馬和射箭運動。蓮師說：「這次不該舉行賽馬和射箭。」但藏王身邊的人無視蓮師的警告，利用了一些權巧照常舉辦，結果藏王就在賽馬與射箭比賽中，被不知名的刺客以箭射中而駕崩。

蓮師對西藏和藏民極爲慈悲，我們可能會以爲他將常駐當地，然而故事繼續發展下去，有意思的是，他竟然離開了。這似乎顯示著，照料和看顧這些情況只是一時的，一旦這個國家在心靈修持和內心發展上有了基礎，生起了某種程度的明智，蓮師就離開了西藏。

蓮師其實仍活在人世間，他不住在南美洲，而是住在遙遠之處，一個被蓮師馴化的噬血食人眾之地，或稱為「銅色山」的地方。他仍然健在人間，由於他就是法身，因此色身消融、回歸本性並不特別稀奇，所以，如果我們試著去找他，很可能找得到他，不過我很確定你們看到他時，鐵定會失望透頂。

我們現在當然不只是探討蓮師八相了，我很確定他從那時起，已經化現出千萬種其他形相了。

弟子：您談到意傳承的傳授時，提到上師創造了狂智的其中一半，弟子則創造另一半，狂智不是非創造的嗎？

創巴仁波切：是的。狂智不是創造出來的，但它是任運自在的。你擁有一半，你的上師擁有另一半，這並不是當場創造出來的，而是本來就在那兒。

弟子：您認為美國是否夠野蠻，能接受狂智？

創巴仁波切：這就不用說了。

弟子：我不明白您的一個說法：「爲了死亡而活著」，可否請您多解釋一些？

創巴仁波切：「爲了死亡而活著」是一般所謂活著的方式，就是在每一個呼吸之間，我們就更趨近死亡，每時每刻都帶著我們向死亡前進一步；然而，根據狂智的法則，能量卻是不斷更新的。

弟子：仁波切，您說蓮師還活生生地健在某個國度中，您是說眞的嗎？您說「活生生地」。

創巴仁波切：此時什麼是眞的，很難說，說是「活生生」，也很難確認是什麼狀態。

弟子：所以怎麼說都可以？

創巴仁波切：應該是吧。

弟子：您提到上師製造某種「高壓」，這其中一部分是否也是弟子製造出來的？

創巴仁波切：是的，弟子的膽怯使之出現。

弟子：您也說如果弟子有疑竇，狂智上師就會善加利用弟子的疑竇。

創巴仁波切：是的。

弟子：上師會以何種方式善用弟子的疑竇呢？

創巴仁波切：該不該把祕密說出來呢……所謂的疑竇就是不確定的一刻。例如，身體不好就容易感冒和著涼，假使沒準備好，抵抗力不夠，在那虛弱的時刻，你就會生病。基本上就是這樣。

弟子：我記得您有次說到，灌頂即將發生時，會有某種一瞬間的恐懼，這和不安全感與弟子失去立足的焦點，有什麼關係？

創巴仁波切：弟子和狂智上師之間的任何關係，都被視為灌頂。

弟子：在自現起的狂智中，蓮師是不是那個啓動者本源？

創巴仁波切：他既是啓動者，也是背景底蘊，因爲他同時是由法身、報身和化身所成。

弟子：您提到狂智的過程是不斷建構自我，直到自我斷然跌落爲止。但你之前也提到這並非一次性到來、而是一點一滴逐漸出現的無望或絕望的過程。我不明白這兩種過程如何同時發生？看起來二者的方向完全相反。

創巴仁波切：把你建構起來，直到你斷然跌落，是狂智上師的手段；於此同時，你的絕望感便逐漸出現。

弟子：當意傳承的傳授發生時，會有某種敞開、某種空隙，那個東西本身就是傳授內容嗎？

創巴仁波切：是的，那就是了。是的，那就是了！除此之外尚有周遭的環境，這是一個整體的環境，創造出一片風景，其中，那個空隙就是最精彩的部分。

弟子：我們發現自己似乎總是從敞開的情境中滑落，回到那個敞開的情境到底有什麼益處？看到那個空隙以便讓自己回到其中，是一種修持嗎？

創巴仁波切：事實上，這是無法重製的。但你可以在每時每刻創造自己的灌頂。在經過初次體驗之後，你便可以發展出自己的內在上師，創造自己的灌頂，而不是企圖記住已然逝去的過往之事。如果你一直想回到過去那個片刻，它就變成只是某種特別的寶藏，這沒有什麼益處。

弟子：沒什麼益處？

創巴仁波切：沒益處。

弟子：但擁有那個經驗是必須的。

創巴仁波切：那個經驗是催化劑。舉例來說，如果你曾經出過車禍，每次開車遇到瘋狂駕駛時，你對車禍會有活生生的感受，你會覺得自己隨時都可能兩腿一伸、兩眼一瞪，這其實也是事實。

弟子：我們談到的這個敞開的空隙，是發生在傳授中一個非常特別的情境，然而，它似乎原本自然就在那兒了，在潛意識中，在周圍各處；它尾隨著煩惱，在煩惱與你擦身而過時，並肩穿越。可否請您進一步解釋那個空隙的自然自生狀態？

創巴仁波切：現在若是試圖特別去形容這些細節，似乎沒有什麼幫助。這就會像是設計了一套特別的攻略方法，告訴你如何去複製——好比試圖用教科書的刻板內容來即興創作一樣，這應該是沒有任何益處的，我們可能必須踏實去經歷一段實驗期。

關於作者

尊貴的邱陽創巴仁波切，西元一九四〇年生於藏東的康區。在他十三個月大時，即被認證爲重要的轉世祖古。根據西藏的傳統的觀點，一位有證悟的上師，源於他或她的悲願，具有能力代代轉世爲人。這樣的上師在圓寂之前，會留下遺囑或其他線索，說明他下一個轉世的投生地點。之後，他的弟子和其他有證悟的上師就會研究這些線索，然後，依據謹愼的調查、夢觀與禪觀，執行尋找和認證轉世祖古的搜尋行動。如此形成了特定教法的傳承，有些傳承已延續了幾世紀之久。邱陽創巴仁波切即是創巴祖古教法傳承的第十一世。

年幼的祖古被認證之後，就開始接受密集訓練，學習佛教的理論和修持。創巴仁波切（「仁波切」爲尊稱，意思是「珍寶」）在陸座爲蘇芒寺（Surmang Monasteries）的總住持與蘇芒區的行政首長之後，開始了爲期十八年的訓練，直到西元一九五九年離開西藏爲止。身爲噶舉派的轉世祖古，他所受的訓練以禪修的次第訓練，以及研究佛教哲學的理論理解爲主，而藏傳佛教四大教派中，噶舉派即以「實修傳承」著稱。

八歲時，創巴仁波切領受了出家戒，出家之後，他開始了傳統戒律的學習和修持，以及書法、唐卡繪畫、金剛舞等（工巧明的）訓練。他的主要上師包含雪謙蔣貢康楚仁波切和堪布剛夏，是噶舉派和寧瑪派的大上師。西元一九五八年，創巴仁波切十八歲，完成了他的學業，先後取得了「（複）講師」（kyorpön, doctor of divinity）❶和堪布（khenpo, master of studies）的頭銜，也領受了俱足比丘戒。

五〇年代的西藏，動盪不安。在得知中國共產黨打算武力挺進西藏之後，許多僧侶和民眾都離開了自己的家園。創巴仁波切也花了好幾個月的痛苦折磨，餐風露宿，千里跋涉越過喜馬拉雅山（詳見仁波切的著作《生在西藏》），小心翼翼逃過中國人的俘獲，終於在西元一九五九年抵達了印度。在印度時，第十四達賴喇嘛天津嘉措委任仁波切為印度達和賽（Dalhousie）的「青年喇嘛❷教養學院」（Young Lamas Home School）的精神導師，任職期間從一九五九年到一九六三年為止。

創巴仁波切初次接觸西方的機會，是在獲得牛津大學的司波丁獎學金時（Spalding sponsorship），他前往牛津大學修讀了比較宗教學、哲學和美術。也學習了日式花道，獲得了草月流（Sogetsu）的結業證書。在英國生活期間，創巴仁波切開始指導西方學生學習佛法，西元一九六七年，他在蘇格蘭的鄧弗里斯郡（Dumfriesshire）創建了桑耶林禪修中心（Samye Ling Meditation Centre）。這段期間他也出版了他的第一和第二本英文書：《生在西藏》（*Born in Tibet*, 1966）與《動中修行》（*Meditation in Action*, 1969）。

西元一九六八年，創巴仁波切前往不丹，進入靜處閉關禪修。在這次閉關禪修中，仁波切接收到一部關鍵性的伏藏法教《大手印儀軌》（*The Sadhana of Mahamudra*），此法本詳載了現代靈性墮落及其對治之道——導引至赤裸光明心之體驗的眞實靈性修持。此閉關讓他的教學方式有了重大的轉變。他一回到英國就還俗了，脫下僧袍，換上一般的西式服裝。他也與一位年輕的英國女士黛安娜·派布斯（Diana Pybus）結了婚，一同離開蘇格蘭，遷居到北美洲。他的許多早期弟子對他的轉變都感到異常震驚和難過，然而他表達了自己的決心，爲了讓佛法在西方扎根，教學方式必須放下文化包袱和宗教執迷。

七〇年代的美國正處於政治和文化動亂之中，許多人對東方好生嚮往。雖然幾乎是從他抵

❶（複）講師，類似助教，也就是在老師的正式教授課程之後，覆述課程內容，協助其他僧人的學習。

❷藏文的「喇嘛」指的是上師，而不是一般人以訛傳訛的「僧侶」的意思。漢地誤用「喇嘛」一詞素來已久。

達美國那刻開始，創巴仁波切吸引了眾多對佛法與禪修有著嚴肅興趣的學生，然而他深重批判他所見之普遍盛行的靈修唯物化與商業化，形容這些有如「心靈超市」一般。在他的開示和著作《突破修道上的唯物》（*Cutting Through Spiritual Materialism*, 1973）和《自由的迷思》（*The Myth of Freedom*, 1976）中，他指出，若想截斷心靈之旅的歧途，最佳方式即是單純直接的禪坐。

北美洲十七年的教學過程中，創巴仁波切因他極具爭議卻威力十足的教學方式而聲名大噪。他是早年北美第一批傳入西藏佛教先驅上師之一位，從實有助於日後大寶法王噶瑪巴、欽哲法王、達賴喇嘛尊者，以及許多位大師之到訪。在美國，他與多位已經教授佛教禪修的禪師心有靈犀。在初始之際，他特別與舊金山禪宗中心的創始人鈴木俊隆禪師（Suzuki Roshi）交誼密切；其後他與北加州的乙川弘文禪師（Kobun Chino Roshi）、關寂照禪師（Bill Kwong Roshi），洛杉磯禪中心的創始人前角博雄禪師（Maezumi Roshi），及紐約正法寺禪堂（Zendo Shobo-ji）的住持島野榮道禪師（Eido Roshi）頗爲親近。

仁波切的英文流利，是直接以英文對西方弟子做開示的先鋒上師之一位，無需譯師於一旁口頭輔佐。他在北美洲和歐洲各地巡迴講學，開辦了幾百場的演講和研討課程。他在美國的佛蒙特洲、科羅拉多洲、加拿大的新斯科細亞省建立了他主要的佛法中心，也在北美洲和歐洲的許多城市成立了眾多小型的禪修研習中心。西元一九七三年，他創立了「金剛界」組織（Vajradhatu），作爲組織網的中央行政管理主體。

西元一九七四年，創巴仁波切創立了那洛巴學院（現那洛巴大學），後來成爲北美洲唯一正式立案的佛教大學。他在學院中積極講學，其著作之一《沒有目標的旅程》（*Journey Without Goal*, 1981）即是以他在學院教授的一個課程內容彙編而成。西元一九七六年，他創立了「香巴拉訓練」（Shambhala Training）課程，這是一系列的（週末）課程和研討會，提供一種超越宗派的、以靜坐禪修練習爲基的靈修勇士之道徑。他的著作《覺悟勇士——香巴拉的智慧傳承》（*Shambhala: The Sacred Path of the Warrior*, 1984）綜覽了香巴拉教法的綱要。

在一九七六年，創巴仁波切指定奧色·天津（Ösel Tendzin）即湯馬斯·李奇（Thomas F. Rich）作爲他的金剛攝政王，即佛教法嗣。奧色天津師事創巴仁波切，擔任「金剛界」和「香巴拉訓練」之行政工作。他從一九七六年直到一九九〇年去世間廣傳教法，並是《佛陀在你手掌》一書的作者。

創巴仁波切在經典翻譯的領域也非常活躍，他和法蘭西斯卡·福瑞門陀（Francesca

Fremantle）合作，重新翻譯了《西藏度亡經》（*The Tibetan Book of the Dead*），於一九七五年出版。之後他又創立了那瀾陀翻譯學會（Nalanda Translation Committee）❸，訓練許多筆譯者，以便爲其弟子翻譯出典籍和修法儀軌，並也對大眾公開發表一些重要的典籍。

在一九七九年，創巴仁波切舉行了一個儀式，授權他的長子，奧色·冉卓·木克坡（Ösel Rangdröl Mukpo），作爲他香巴拉傳承的法嗣傳人。彼時仁波切賜其稱號爲「薩旺」（Sawang，大地尊主 Earth Lord）。

創巴仁波切對藝術的熱愛也爲人所津津樂道。他對禪修訓練與藝術之間的關係有深刻的洞見，此點尤爲人知。兩本書籍自他入涅後出版——《書法之藝》（*The Art of Calligraphy*, 1994）與《法藝》（*Dharma Art*, 1996；二〇〇八年新版，標題是《真實覺受：法藝之道》*True Perception: The Path of Dharma Art*）——呈現了他這方面的工作。他自己的藝術作品包含書法、繪畫、花道、詩歌、劇本寫作和環境裝置藝術。此外，在那洛巴學院中，他創造了吸引眾多主流藝術家與詩人的教育氛圍；人們在那兒持續探索由禪修訓練所啓發的創造過程，激發創造力的精彩對話。創巴仁波切也發行過兩部詩集：《手印》（*Mudra*, 1972）和《初念最佳念》（*First Thought Best Thought*, 1983）。在一九九八年，其一本回顧性的詩選彙編《及時雨》

（*Timely Rain*）也出版發行。

在他去世前不久，在與香巴拉出版社發行人山姆・博秋茲的一次會面間，邱陽・創巴表示有興趣出版一〇八部他的教示文集，稱之爲「法海系列」。「法海」是邱陽・創巴之教授名、藏文確吉・嘉措的翻譯。法海系列主要由編輯過的材料組織而成，使讀者能夠以簡單直接、而非過度系統或濃縮化形式來接觸他豐饒的教法。一九九一年該系列其第一部遺著《狂智》出版。隨後另有七部在次年發行。未來多冊仁波切之法教書籍的出版計劃將持續進行。

創巴仁波切已出版的著作，只佔他遺教的一小部分。他在北美洲教學十七年期間，建構了必要的研修架構，讓他的弟子都能獲得透徹且次第進展的佛法訓練，從入門開示與課程，乃至高階共修閉關修持等等，這些課程強調了聞思和修持之間、智識與直觀能力之間的均衡發展。法布里斯・密達爾（Fabrice Midal）所著的《邱陽創巴傳》（*Chögyam Trungpa*）中，記載了邱陽・創巴所發展的多種訓練形式。《作爲上師的妻子：我和邱陽創巴的人生》（*Dragon Thunder: My life with Chögyam Trungpa*）則是由其妻戴安娜・木克坡所述之仁波切的生命故

❸香巴拉之那瀾陀翻譯學會與竹慶本樂仁波切創立的的那瀾陀菩提是不同的組織。

事，這也提供了他塑造北美佛教之多樣形貌的洞見。

除了在佛教傳統的深廣開示之外，創巴仁波切也極注重香巴拉教法，其中特別強調的是行動中的禪修、身心的同體一致，並且不具嗔怒地以勇士之勇毅態度來訓練自己於日常生活中面對障礙或挑戰。創造一個覺悟社會之目的即是香巴拉法教的基礎。根據香巴拉之道，實現一個覺悟社會不僅是通過外在活動，如社區或政治上的參與，而是從對感官和日常生活之神聖層面的欣賞認識。這些教示的第二部《東方大日》（*Great Eastern Sun*），於一九九九年出版。此類教導的最後一部，《對恐懼微笑》（*Smile at Fear*），於二〇〇九年出版。

創巴仁波切在西元一九八七年圓寂，享年四十七歲。至其離世之時，他不僅被稱為仁波切（珍寶），也被稱為金剛上師（Vajracharya 金剛持主）以及持明（Vidyadhara，智慧持主），以其身為金剛乘、或佛教密續大師之故。作為香巴拉法教的持有者，他還獲得了多傑·札都（Dorje Dradül，堅不可摧之勇士）和薩姜（Sakyong，大地護佑者）的稱號。他留下遺孀戴安娜及五個兒子。他的長子，「薩旺」，奧色·冉卓·木克坡（Sawang Ösel Rangdröl Mukpo），承繼他而為「金剛界」的靈修總導師。由於體認到其父之香巴拉法教大業的重要性，薩旺將此傘狀組織的名稱改為「香巴拉」，而「金剛界」仍然是其中主要部門之一。一九九五年，薩旺如其先父，亦受封香巴拉「薩姜」稱號，同時並被認證爲全能全知的大師米龐仁波切之化身轉世。

創巴仁波切被公認爲是一位將佛教引入西方世界的關鍵人物，他把對西方文化的高度欣賞與深入理解，及對一己傳統的深刻了解，二者融合而產生了革命性的佛法教學方式，用完全現代的方式呈現那最古老甚深的教法。創巴仁波切以其大膽無畏的法語宏宣而著稱，他無所猶疑，忠實於傳統的純粹，全然清新。於此，祈願這些教法根植於人心，爲一切有情眾生的利益而繁榮昌盛。

獅子吼（Senge Dradrok）

禪修中心聯絡資訊

欲詳知禪修或創巴仁波切系統中離您最近的佛法中心，請聯絡以下機構：

香巴拉國際（Shambhala International）

1084 Tower Road

Halifax, Nova Scotia

Canada B3H 2Y5

Tel: 902 425 4275

Fax: 902-423-2750

網頁：www.shambhala.org

香巴拉歐洲（Shambhala Europe）

Kartäuserwall 20

D50678 Köln, Germany

Tel : 49-221-31024-00

Fax: 49-221-31024-50

email: office@shambhala-europe.org

網頁：www.shambhala-europe.org

噶瑪丘林（Karmě Chöling）

369 Patneaude Lane

Barnet, VT 05821

Tel: 802-633-2384

Fax: 802-633-3012

email: reception@karmecholing.org

網頁：www.karmecholing.org

香巴拉山脈中心（Shambhala Mountain Center)

4921 Country Road 68C

Red Feather Lakes, Colorado 80545

Tel: 970-881-2184

Fax: 970-881-2909

email: info@shambhalamountain.org

網頁：www.shambhalamountain.org

岡波修道院（Gampo Abbey）

Pleasant Bay, Nova Scotia

Canada B0E 2P0

Tel: 902-224-2752

email: office@gampoabbey.org

那洛巴大學（Naropa University）

2130 Arapahoe Avenue

Boulder, Colorado 80302

Tel: 303-444-0202

email: info@naropa.edu

網頁：www.naropa.edu

邱陽創巴影音教示：

卡拉帕影音（Kalapa Recordings）

1084 Tower Road

Halifax, Nova Scotia

Canada B3H 2Y5

Tel: 902-420-1118, ext. 19

Fax: 902-423-2750

email: shop@shambhala.org

網頁：www.shambhalashop.com

更多關於邱陽創巴仁波切的資料請參考：

網頁：shambhala.org/teachers/chogyam-trungpa

橡樹林文化 ❖❖ 善知識系列 ❖❖ 書目

JB0001	狂喜之後	傑克・康菲爾德◎著	380元
JB0002	抉擇未來	達賴喇嘛◎著	250元
JB0003	佛性的遊戲	舒亞・達斯喇嘛◎著	300元
JB0004	東方大日	邱陽・創巴仁波切◎著	300元
JB0005	幸福的修煉	達賴喇嘛◎著	230元
JB0006	與生命相約	一行禪師◎著	240元
JB0007	森林中的法語	阿姜查◎著	320元
JB0008	重讀釋迦牟尼	陳兵◎著	320元
JB0009	你可以不生氣	一行禪師◎著	230元
JB0010	禪修地圖	達賴喇嘛◎著	280元
JB0011	你可以不怕死	一行禪師◎著	250元
JB0012	平靜的第一堂課——觀呼吸	德寶法師 ◎著	260元
JB0013X	正念的奇蹟	一行禪師◎著	220元
JB0014X	觀照的奇蹟	一行禪師◎著	220元
JB0015	阿姜查的禪修世界——戒	阿姜查◎著	220元
JB0016	阿姜查的禪修世界——定	阿姜查◎著	250元
JB0017	阿姜查的禪修世界——慧	阿姜查◎著	230元
JB0018X	遠離四種執著	究給・企千仁波切◎著	280元
JB0019X	禪者的初心	鈴木俊隆◎著	220元
JB0020X	心的導引	薩姜・米龐仁波切◎著	240元
JB0021X	佛陀的聖弟子傳 1	向智長老◎著	240元
JB0022	佛陀的聖弟子傳 2	向智長老◎著	200元
JB0023	佛陀的聖弟子傳 3	向智長老◎著	200元
JB0024	佛陀的聖弟子傳 4	向智長老◎著	260元
JB0025	正念的四個練習	喜戒禪師◎著	260元
JB0026	遇見藥師佛	堪千創古仁波切◎著	270元
JB0027	見佛殺佛	一行禪師◎著	220元
JB0028	無常	阿姜查◎著	220元
JB0029	覺悟勇士	邱陽・創巴仁波切◎著	230元
JB0030	正念之道	向智長老◎著	280元

JB0031	師父——與阿姜查共處的歲月	保羅．布里特◎著	260 元
JB0032	統御你的世界	薩姜．米龐仁波切◎著	240 元
JB0033	親近釋迦牟尼佛	髻智比丘◎著	430 元
JB0034	藏傳佛教的第一堂課	卡盧仁波切◎著	300 元
JB0035	拙火之樂	圖敦．耶喜喇嘛◎著	280 元
JB0036	心與科學的交會	亞瑟．札炯克◎著	330 元
JB0037	你可以，愛	一行禪師◎著	220 元
JB0038	專注力	B．艾倫．華勒士◎著	250 元
JB0039X	輪迴的故事	堪欽慈誠羅珠◎著	270 元
JB0040	成佛的藍圖	堪千創古仁波切◎著	270 元
JB0041	事情並非總是如此	鈴木俊隆禪師◎著	240 元
JB0042	祈禱的力量	一行禪師◎著	250 元
JB0043	培養慈悲心	圖丹．卻准◎著	320 元
JB0044	當光亮照破黑暗	達賴喇嘛◎著	300 元
JB0045	覺照在當下	優婆夷　紀．那那蓉◎著	300 元
JB0046	大手印暨觀音儀軌修法	卡盧仁波切◎著	340 元
JB0047X	蔣貢康楚閉關手冊	蔣貢康楚羅卓泰耶◎著	260 元
JB0048	開始學習禪修	凱薩琳．麥唐諾◎著	300 元
JB0049	我可以這樣改變人生	堪布慈囊仁波切◎著	250 元
JB0050	不生氣的生活	W. 伐札梅諦◎著	250 元
JB0051	智慧明光：《心經》	堪布慈囊仁波切◎著	250 元
JB0052	一心走路	一行禪師◎著	280 元
JB0054	觀世音菩薩妙明教示	堪布慈囊仁波切◎著	350 元
JB0055	世界心精華寶	貝瑪仁增仁波切◎著	280 元
JB0056	到達心靈的彼岸	堪千．阿貝仁波切◎著	220 元
JB0057	慈心禪	慈濟瓦法師◎著	230 元
JB0058	慈悲與智見	達賴喇嘛◎著	320 元
JB0059	親愛的喇嘛梭巴	喇嘛梭巴仁波切◎著	320 元
JB0060	轉心	蔣康祖古仁波切◎著	260 元
JB0061	遇見上師之後	詹杜固仁波切◎著	320 元
JB0062	白話《菩提道次第廣論》	宗喀巴大師◎著	500 元
JB0063	離死之心	竹慶本樂仁波切◎著	400 元
JB0064	生命真正的力量	一行禪師◎著	280 元

JB0065	夢瑜伽與自然光的修習	南開諾布仁波切◎著	280 元
JB0066	實證佛教導論	呂真觀◎著	500 元
JB0067	最勇敢的女性菩薩——綠度母	堪布慈囊仁波切◎著	350 元
JB0068	建設淨土——《阿彌陀經》禪解	一行禪師◎著	240 元
JB0069	接觸大地一與佛陀的親密對話	一行禪師◎著	220 元
JB0070	安住於清淨自性中	達賴喇嘛◎著	480 元
JB0071/72	菩薩行的祕密【上下冊】	佛子希瓦拉◎著	799 元
JB0073	穿越六道輪迴之旅	德洛達娃多瑪◎著	280 元
JB0074	突破修道上的唯物	邱陽・創巴仁波切◎著	320 元
JB0075	生死的幻覺	白瑪格桑仁波切◎著	380 元
JB0076	如何修觀音	堪布慈囊仁波切◎著	260 元
JB0077	死亡的藝術	波卡仁波切◎著	250 元
JB0078	見之道	根松仁波切◎著	330 元
JB0079	彩虹丹青	祖古・烏金仁波切◎著	340 元
JB0080	我的極樂大願	卓千拉貢仁波切◎著	260 元
JB0081	再捻佛語妙花	祖古・烏金仁波切◎著	250 元
JB0082	進入禪定的第一堂課	德寶法師◎著	300 元
JB0083	藏傳密續的真相	圖敦・耶喜喇嘛◎著	300 元
JB0084	鮮活的覺性	堪千創古仁波切◎著	350 元
JB0085	本智光照	遍智　吉美林巴◎著	380 元
JB0086	普賢王如來祈願文	竹慶本樂仁波切◎著	320 元
JB0087	禪林風雨	果煜法師◎著	360 元
JB0088	不依執修之佛果	敦珠林巴◎著	320 元
JB0089	本智光照一功德寶藏論　密宗分講記	遍智　吉美林巴◎著	340 元
JB0090	三主要道論	堪布慈囊仁波切◎講解	280 元
JB0091	千手千眼觀音齋戒一紐涅的修持法	汪遷仁波切◎著	400 元
JB0092	回到家，我看見真心	一行禪師◎著	220 元
JB0093	愛對了	一行禪師◎著	260 元
JB0094	追求幸福的開始：薩迦法王教你如何修行	尊勝的薩迦法王◎著	300 元
JB0095	次第花開	希阿榮博堪布◎著	350 元
JB0096	楞嚴貫心	果煜法師◎著	380 元
JB0097	心安了，路就開了： 讓《佛說四十二章經》成為你人生的指引	釋悟因◎著	320 元

JB0098	修行不入迷宮	札丘傑仁波切◎著	320元
JB0099	看自己的心，比看電影精彩	圖敦・耶喜喇嘛◎著	280元
JB0100	自性光明──法界寶庫論	大遍智　龍欽巴尊者◎著	480元
JB0101	穿透《心經》：原來，你以為的只是假象	柳道成法師◎著	380元
JB0102	直顯心之奧秘：大圓滿無二性的殊勝口訣	祖古貝瑪・里沙仁波切◎著	500元
JB0103	一行禪師講《金剛經》	一行禪師◎著	320元
JB0104	金錢與權力能帶給你甚麼？ 一行禪師談生命真正的快樂	一行禪師◎著	300元
JB0105	一行禪師談正念工作的奇蹟	一行禪師◎著	280元
JB0106	大圓滿如幻休息論	大遍智　龍欽巴尊者◎著	320元
JB0107	覺悟者的臨終贈言：《定日百法》	帕當巴桑傑大師◎著 堪布慈囊仁波切◎講述	300元
JB0108	放過自己：揭開我執的騙局，找回心的自在	圖敦・耶喜喇嘛◎著	280元
JB0109	快樂來自心	喇嘛梭巴仁波切◎著	280元
JB0110	正覺之道・佛子行廣釋	根讓仁波切◎著	550元
JB0111	中觀勝義諦	果煜法師◎著	500元
JB0112	觀修藥師佛──祈請藥師佛，能解決你的困頓不安，感受身心療癒的奇蹟	堪千創古仁波切◎著	450元
JB0113	與阿姜查共處的歲月	保羅・布里特◎著	300元
JB0114	正念的四個練習	喜戒禪師◎著	300元
JB0115	揭開身心的奧秘：阿毗達摩怎麼說？	善戒禪師◎著	420元
JB0116	一行禪師講《阿彌陀經》	一行禪師◎著	260元
JB0117	一生吉祥的三十八個祕訣	四明智廣◎著	350元

善知識系列　JB0118

狂智
Crazy Wisdom

作　　者／邱陽創巴仁波切（Chögyam Trungpa）
譯　　者／江涵芠
協力編輯／陳芊卉
業　　務／顏宏紋

總 編 輯／張嘉芳
出　　版／橡樹林文化
城邦文化事業股份有限公司
104 台北市民生東路二段 141 號 5 樓
電話：(02)2500-7696　傳眞：(02)2500-1951
發　　行／英屬蓋曼群島商家庭傳媒股份有限公司城邦分公司
104 台北市中山區民生東路二段 141 號 2 樓
客服服務專線：(02)25007718；25001991
24 小時傳眞專線：(02)25001990；25001991
服務時間：週一至週五上午 09:30 ～ 12:00；下午 13:30 ～ 17:00
劃撥帳號：19863813　戶名：書虫股份有限公司
讀者服務信箱：service@readingclub.com.tw
香港發行所／城邦（香港）出版集團有限公司
香港灣仔駱克道 193 號東超商業中心 1 樓
電話：(852)25086231　傳眞：(852)25789337
Email: hkcite@biznetvigator.com
馬新發行所／城邦（馬新）出版集團【Cité (M) Sdn.Bhd. (458372 U)】
41, Jalan Radin Anum, Bandar Baru Sri Petaling,
57000 Kuala Lumpur, Malaysia.
電話：(603) 90578822　傳眞：(603) 90576622
Email：cite@cite.com.my

封面設計／塵世設計　內文排版／歐陽碧智
印　　刷／中原造像有限公司

初版一刷／ 2017 年 8 月
初版六刷／ 2023 年 12 月
ISBN ／ 978-986-5613-53-2
定價／ 380 元

城邦讀書花園
www.cite.com.tw

國家圖書館出版品預行編目（CIP）資料

狂智 / 邱陽．創巴仁波切作；江涵芠譯．-- 初版．--
臺北市：橡樹林文化，城邦文化出版：家庭傳媒城邦分公司發行，2017.08
面；　公分．--（善知識系列；JB0118）
譯自：Crazy wisdom
ISBN 978-986-5613-53-2（平裝）

1. 藏傳佛教　2. 佛教修持

226.965　　106011463

廣　告　回　函
北區郵政管理局登記證
北 台 字 第 10158 號
郵資已付　免貼郵票

104 台北市中山區民生東路二段 141 號 5 樓

城邦文化事業股分有限公司
橡樹林出版事業部　收

請沿虛線剪下對折裝訂寄回，謝謝！

|橡|樹|林|

書名：狂智　書號：JB0118

橡樹林文化

讀者回函卡

感謝您對橡樹林出版社之支持，請將您的建議提供給我們參考與改進；請別忘了給我們一些鼓勵，我們會更加努力，出版好書與您結緣。

姓名：＿＿＿＿＿＿＿＿ □女 □男 生日：西元＿＿＿＿＿年

Email：＿＿＿＿＿＿＿＿＿＿＿＿＿＿＿＿

●您從何處知道此書？

□書店 □書訊 □書評 □報紙 □廣播 □網路 □廣告 DM □親友介紹

□橡樹林電子報 □其他＿＿＿＿＿＿

●您以何種方式購買本書？

□誠品書店 □誠品網路書店 □金石堂書店 □金石堂網路書店

□博客來網路書店 □其他＿＿＿＿＿＿

●您希望我們未來出版哪一種主題的書？（可複選）

□佛法生活應用 □教理 □實修法門介紹 □大師開示 □大師傳記

□佛教圖解百科 □其他＿＿＿＿＿＿

●您對本書的建議：

＿＿＿＿＿＿＿＿＿＿＿＿＿＿＿＿＿＿＿＿

＿＿＿＿＿＿＿＿＿＿＿＿＿＿＿＿＿＿＿＿

＿＿＿＿＿＿＿＿＿＿＿＿＿＿＿＿＿＿＿＿

＿＿＿＿＿＿＿＿＿＿＿＿＿＿＿＿＿＿＿＿

＿＿＿＿＿＿＿＿＿＿＿＿＿＿＿＿＿＿＿＿

非常感謝您提供基本資料，基於行銷及客戶管理或其他合於營業登記項目或章程所定業務需要之目的，家庭傳媒集團（即英屬蓋曼群商家庭傳媒股份有限公司城邦分公司、城邦文化事業股分有限公司、書虫股分有限公司、墨刻出版股分有限公司、城邦原創股分有限公司）於本集團之營運期間及地區內，將不定期以MAIL訊息發送方式，利用您的個人資料於提供讀者產品相關之消費與活動訊息，如您有依照個資法第三條或其他需服務之業務，得致電本公司客服。

我已經完全瞭解左述內容，並同意本人資料依上述範圍內使用。

＿＿＿＿＿＿＿＿＿＿（簽名）

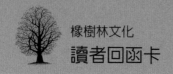

處理佛書的方式

佛書內含佛陀的法教，能令我們免於投生惡道，並且爲我們指出解脫之道。因此，我們應當對佛書恭敬，不將它放置於地上、座位或是走道上，也不應跨過。搬運佛書時，要妥善地包好、保護好。放置佛書時，應放在乾淨的高處，與其他一般的物品區分開來。

若是需要處理掉不用的佛書，就必須小心謹慎地將它們燒掉，而不是丟棄在垃圾堆當中。焚燒佛書前，最好先唸一段祈願文或是咒語，例如唵（OM）、啊（AH）、吽（HUNG），然後觀想被焚燒的佛書中的文字融入「啊」字，接著「啊」字融入你自身，之後才開始焚燒。

這些處理方式也同樣適用於佛教藝術品，以及其他宗教教法的文字記錄與藝術品。

ཡི་གེ་ཉི་ཤུ་རྩ་དྲུག་པ་འདི་དཔེ་ཆའི་ནང་དུ་བཞག་ན་དཔེ་ཆ་དེ་ཅི་འདྲར་
བགོམས་ཀྱང་ཉེས་པ་མི་འབྱུང་བར་འཛམ་དཔལ་རྩ་རྒྱུད་ལས་གསུངས་སོ། །

此咒置經書中　可滅誤跨之罪